The Builder

REVISTA PARA EL ESTUDIO DE LA MASONERÍA

THE BUILDER

Revista para el estudio de la masonería

Publicado mensualmente por la
National Masonic Research Society

JOSEPH FORT NEWTON

N.º 14

EDICIÓN ORIGINAL	REEDICIÓN ESPAÑOLA
Febrero, 1916	Julio, 2025

Edición histórica

Publicado por
MASÓNICA
Ediciones del Arte Real

© 2025 ENTREACACIAS, S.L.

ENTREACACIAS, SL
[Sociedad Editora]
Covadonga, 8
33002 Oviedo - Asturias (España)
info@masonica.es

Primera edición: julio de 2025

ISSN: 2695-8899
ISBN (edición impresa): 979-13-87560-40-9
ISBN (edición digital): 979-13-87560-41-6
DL: AS 00143-2020

(The Builder es un foro abierto para el debate libre y fraternal. Cada uno de sus colaboradores escribe con su propio nombre y es responsable de sus propias opiniones. Creyendo que una unidad de espíritu es mejor que una uniformidad de opinión, la Sociedad de Investigación, como tal, no defiende ninguna escuela de pensamiento masónico frente a otra; sino que ofrece a todos por igual un medio para el compañerismo y la instrucción, dejando que cada uno se mantenga o caiga por sus propios méritos).

SUMARIO

--- N.º 14 - Julio 2025 ---

EL MONUMENTO
A WASHINGTON

in duda, la mayoría de nuestros miembros saben algo de la George Washington Masonic National Memorial Association, organizada en 1910 con el Hermano Thomas J. Shryock, durante treinta años Gran Maestro de Maryland, como Presidente, y el Hermano John H. Cowles, Secretario General del Rito Escocés en su Jurisdicción Sur, como Tesorero. Aunque sólo se han celebrado cinco reuniones ordinarias de la Asociación, cuarenta y dos Grandes Logias, la Jurisdicción Sur del Rito Escocés, el Gran Capítulo General, el Gran Consejo y un gran número de grandes organismos han respaldado oficialmente el plan. Representativa en su forma y nacional en su alcance, la Asociación está compuesta por dos delegados de cada Gran Cuerpo constitutivo. Sus objetivos, recogidos en sus Estatutos, son los siguientes:

«En primer lugar, la recaudación de un fondo para erigir y mantener un monumento masónico adecuado a George Washington en forma de Templo en la ciudad de Alejandría, Virginia, siempre que al menos una planta del mismo se reserve para siempre como Sala Conmemorativa, que estará bajo el control de las diversas Grandes Jurisdicciones de los Estados Unidos de América, miembros de esta Asociación.

En segundo lugar, proporcionar un lugar donde las diversas Grandes Jurisdicciones, miembros de dicha Asociación, puedan perpetuar, de forma imperecedera, la memoria y los logros de los hombres cuyos distinguidos servicios, celoso apego e inquebrantable fidelidad a los principios de nuestra institución merezcan una recompensa particular y duradera; para crear, fomentar y difundir un espíritu más íntimo y fraternal, la comprensión y el intercambio entre las diversas Grandes Jurisdicciones y Soberanos Grandes Cuerpos en todos los Estados Unidos y sus posesiones insulares, miembros de la Asociación; para apreciar, mantener y extender la influencia saludable y el ejemplo de nuestros ilustres muertos».

Cabe añadir que la titularidad del Memorial Temple recae en cinco administradores elegidos por la Asociación y nombrados de acuerdo con las leyes de Virginia. En esta estructura ignífuga, cuando esté terminada, la Logia Alejandría-Washington depositará las valiosas reliquias que posee, de las que el Hermano Callahan da cuenta en otro lugar de este número. Se encuentran entre las reliquias más preciadas, tanto patrióticas como masónicas, que quedan entre nosotros, y sería algo peor que una locura permitir que estuvieran expuestas a la destrucción por el fuego, como lo están ahora, cuando está en nuestro poder protegerlas y transmitirlas a las edades futuras.

Como monumento perpetuo al primer presidente de la República, que fue el hombre y masón más grande que esta tierra ha conocido, tal plan debería atraer a todo masón patriota. Seguramente es un pobre masón, y ningún americano en absoluto, el que puede visitar la Logia Alejandría-Washington, o Mount Vernon, y no siente latir su corazón con solemne alegría y orgullo por vivir en una tierra libre de la maldición de los reyes, y donde se escucha la voz del pueblo llano. Cuando uno se detiene junto a la tumba de un hombre que fue más grande que cualquier rey que el mundo haya conocido, porque rechazó la corona, o se sienta en la vieja Logia donde solía reunirse con sus compañeros en el Nivel, uno ve a qué bellos asuntos puede ascender nuestra vida mortal, y por qué el mundo entero rinde homenaje a Washington.

Pero este movimiento significa algo más que construir un monumento al pasado. También mira al futuro. Es una gran escuela para la propagación del pensamiento y el sentimiento patrióticos, y el Templo que va a construir se convertirá en una meca y un santuario para los masones americanos de todos los tiempos venideros. No menos importante entre sus beneficios será el establecimiento de una Asociación representativa permanente, que reunirá en conferencia anual a los líderes de los dos grandes ritos de la Orden para deliberar y aconsejar sobre temas de interés universal e importancia para el Arte. Cualquier masón, cualquier logia, cualquier cuerpo masónico tiene derecho a ser miembro de la Asociación previo pago de cien dólares, y confiamos en que muchos de nuestros miembros aprovecharán la oportunidad y también inducirán a sus logias a hacerlo.

LOS DOS PILARES

Mirando hacia atrás en el tiempo, podemos ver algunos pilares aún en pie, a pesar de la ruina forjada por el tiempo. Sócrates y Platón están bajo el cielo azul de Grecia, semienterrados en la basura de una civilización que fue noble. De la misma manera, al repasar nuestra propia historia, vemos a dos elevados personajes que sobresalen por encima de todos los demás. Si nuestra nación fracasara y cayera, como otras lo han hecho antes que ella en la fatigosa ronda de gloria y decadencia, las vidas de Washington y Lincoln permanecerían en pie a pesar de los estragos del tiempo y el cambio, para marcar el lugar donde una vez estuvo la más grande y libre de las repúblicas.

Washington nació en lo más alto, Lincoln en lo más bajo, pero se encuentran en el mismo nivel de honor, valor, desinterés y capacidad práctica, teniendo poco en común salvo su fe en la república y el hecho de que ambos nacieron en el mes más corto. No hubo dos hombres más difamados en los días de su actividad pública; no hubo dos más alabados después de la muerte. El tiempo transformó a ambos y está haciendo por ellos lo que hubieran deseado: que la medida de su dura fortuna en la vida sea la medida de su buena fama en la historia. El tributo de Byron a Washington y la oda de Lowell a Lincoln los muestran en su verdadero carácter, y como tales han sido aceptados por el mundo como las mejores contribuciones que América ha hecho a los más grandes propósitos de la humanidad.

LAS ESENCIAS

De inusitado interés es un ensayo en el último número de las transacciones de la Logia de Investigación Quatuor Coronati, del Hermano Wynn Westcott, sobre «La masonería y su relación con los esenios». Su interés reside, sin embargo, en lo que no nos dice. Tras una elaborada y erudita investigación, el escritor apenas puede encontrar parecido alguno, y mucho menos relación, entre nuestra Fraternidad y una diminuta secta o culto de fariseos monásticos, de tipo comunista, que habitaban la agreste región cercana al Mar Muerto, en el sureste de Judea. Desaparecieron hace mucho tiempo, llevándose su historia con ellos al olvido, y los pocos datos que quedan sobre ellos no animan mucho a los ardientes Hermanos que quieren contarlos entre los antepasados de nuestra Orden. Josefo y Filón, dos historiadores hebreos contemporáneos de los esenios, sabían muy poco de ellos, al parecer, y parecían preocuparse aún menos. Donde se sabe tan poco hay un rico campo para las conjeturas, y se nos ha dicho, como si fuera un hecho, que tanto Jesús como su precursor pertenecían a ese culto, habiendo aprendido de él sus enseñanzas. Si el ensayo del Hermano Westcott disminuye un ápice la ingenuidad de los Hermanos que tratan de compensar con la fertilidad de la invención lo que manifiestamente falta en el conocimiento real, habrá servido a un propósito útil.

LA GUERRA DE HOMERO

Cada ejército se une y cada uno es inspirado por un dios;
a éstos incita Marte, a aquéllos inflama Minerva.
El pálido terror se extiende, reina un espanto terrible;
y la Discordia enfurecida baña de púrpura el campo.
¡Discordia! temible hermana del poder destructor,
Pequeña al nacer, pero creciendo a cada hora,
apenas el cielo puede contener su horrenda cabeza,
camina sobre la tierra y sacude el mundo a su paso.
Las naciones sangran allá donde dirige sus pasos,
los gemidos se intensifican y el combate arde.

La Ilíada, Libro IV

ESCUCHA NUESTRA ORACIÓN

Líbrame del prejuicio, la amargura y la falta de bondad.
Hazme caritativo en el pensamiento, lento para condenar,
y que mi corazón y mi alma estén libres del veneno
de la malicia, la intolerancia, el fanatismo y el odio.
Amén.

John T. McCutcheon.

DIOS Y EL HOMBRE

Dios no es un mero espectador
de la vida y su dolor,
sino quien lleva el pesar
y ayuda a aliviar.
Nunca está Dios apartado
en reproche o en rechazo,
Dios sufre todo anatema,
y en cada hombre se encarna.

E. G. Cheyne.

LOGIA ALEXANDRIA-WASHINGTON N.º 22

Por el Hno. Charles H. Callahan, Virginia

EL GENERAL Washington, después de haber renunciado a su cargo de Comandante en Jefe del ejército americano, llegó a su casa, después de una ausencia de varios años, en la víspera de Navidad de 1783, y dos días más tarde recibió una carta del Maestro, los Vigilantes y los miembros de una logia, que acababa de ser organizada en la pequeña ciudad de Alejandría, Virginia, bajo una patente de la Gran Logia Provincial de Pensilvania, felicitándole por su regreso seguro a la vida privada. En respuesta a esta fraternal comunicación, Washington escribió el 28 de diciembre lo siguiente:

«CABALLEROS Con grata sensibilidad he recibido su favor del día 26 y le ruego me permita expresarle mi sincero agradecimiento por los sentimientos favorables que contiene. Siempre sentiré placer cuando esté en mi mano prestar servicio a la Logia n.º 39 y en todo acto de amabilidad fraternal hacia los miembros de la misma. Siendo con gran verdad, su afectuoso Hermano y obligado humilde servidor, GEORGE WASHINGTON».

En junio siguiente, el general visitó a sus hermanos masones de Alejandría y, según las actas que aún se conservan, «fue elegido por unanimidad miembro honorario de la Logia».

En 1788, la logia renunció a su carta de Pensilvania, bajo la cual había sido conocida como n.º 39, y solicitó una nueva carta patente a la Gran Logia de Virginia. El general Washington se convirtió en el primer Maestro de la Logia Alejandría n.º 22, bajo la patente de Virginia, cuyo pintoresco e histórico instrumento aún constituye su insignia de autoridad. Este venerado pergamino no sólo contiene el nombre de Washington como Maestro, sino también el autógrafo de Edmund Randolph, que entonces era Gran Maestro y gobernador de la Commonwealth, y que posteriormente formó parte de los gabinetes de nuestro primer presidente como Fiscal General y Secretario de Estado, respectivamente. En 1805, con el permiso de la Gran Logia, el nombre o título de la Logia se cambió de nuevo añadiendo el nombre de su primer Maestro, convirtiéndose en la Logia Alejandría-Washington n.º 22. Algunos escritores han afirmado que el general Washington carecía de celo en la causa y el trabajo de nuestra institución, y algunos escépticos han sostenido que ni siquiera era miembro de la Fraternidad Masónica. La falacia de esta afirmación queda demostrada por los registros y las cartas personales de Washington a esta Logia. De hecho, la propia Carta es una negación elocuente y rotunda de la afirmación. El Sr. Randolph, al redactar el instrumento, no deja lugar a dudas sobre la identidad de su primer Venerable Maestro. Tras el preámbulo habitual, se declara lo siguiente:

«Sabed que nosotros, Edmund Randolph, Esq., Gobernador de la mencionada Mancomunidad y Gran Maestro de la Muy Antigua y Honorable Sociedad de Francmasones, en la misma, por y con el consentimiento de la Gran Logia de Virginia, por la presente constituimos y nombramos a nuestro ilustre y bienamado Hermano George Washington, Esq., antiguo General y Comandante en Jefe de las fuerzas en los Estados Unidos, etc.».

Esto resuelve más allá de toda duda cualquier cuestión sobre si se trataba o no del renombrado líder de la Revolución Americana, y dicho nombramiento marca también el inicio de la asociación oficial del gran patriota con la Fraternidad Masónica de su ciudad natal; una asociación que ha convertido a una organización entonces modesta y poco conocida, situada en lo que era por aquel entonces una aldea colonial tradicional, en la logia subordinada más famosa de América: un auténtico santuario al que miles de miembros patrióticos de la Fraternidad, procedentes de todos los rincones del país, acuden cada año con reverencia, para contemplar los preciados recuerdos de su ilustre Hermano Washington, que cuelgan de sus muros y reposan en los rincones de su sanctasanctórum.

La conexión oficial del general con la Logia la elevó a un lugar conspicuo en la orden desde el principio de su existencia y, como consecuencia, pocos acontecimientos dignos de mención han ocurrido en esa vecindad en los que no haya tomado parte prominente. Sin embargo, sólo nos referiremos a aquellos que de alguna manera tienen una asociación directa con el sabio de Mount Vernon. El viernes 15 de abril de 1791, por invitación del presidente Washington y en presencia de sus comisionados especiales, el Honorable Daniel Carroll y David Stuart, y de un gran número de ciudadanos, colocó la primera piedra del Distrito de Columbia; y el 18 de septiembre de 1793, actuó como escolta de honor del presidente y asistió a la colocación de la primera piedra del Capitolio de los Estados Unidos. Pero la ceremonia más importante en la que ha participado la Logia, y que es sin duda la más importante de su carácter en la historia de la Fraternidad Americana, fue el funeral del general Washington el 18 de diciembre de 1799. Poca gente se da cuenta de lo extremadamente sencillas y verdaderamente masónicas que fueron las exequias de este gran hombre.

La última enfermedad de Washington fue repentina y grave, duró sólo veinticuatro horas. Había cuatro hombres junto a su cama cuando murió, a saber: Drs. Dick, Craik y Brown y el Secretario de Washington, Tobias Lear. Tres de ellos eran miembros del Arte; los Drs. Dick y Craik fueron miembros de su propia Logia, siendo Dick el Maestro; y el Dr. Brown fue el quinto Gran Maestro de Maryland, mientras que Tobias Lear se unió a la Logia en 1803. Las ceremonias fúnebres fueron organizadas por un comité de la Logia, formado por el Dr. Dick, V. M., el coronel George Deneal, S. V., y los coroneles Simms y Little, miembros. El cuerpo fue sacado de la cámara mortuoria a las «doce en punto» y depositado en la sala principal del primer piso, y el funeral se fijó para las «doce en punto» del día 18. Cinco de los seis portadores del féretro, los coroneles Little, Payne,

Gilpin, Ramsay y Simms, eran miembros del n.º 22, al igual que tres de los cuatro ministros presentes, uno de los cuales era el capellán, el coronel George Deneal, S.V., al mando de las organizaciones militares presentes, mientras que varios de sus oficiales subordinados eran miembros de la Logia. Debido a la llegada tardía a Mount Vernon del contingente de Alejandría, que estaba compuesto por los masones, la milicia y un gran número de ciudadanos, el cortejo fúnebre no salió hasta las tres; pero el cuerpo fue llevado desde su lugar de descanso en el comedor del Estado a la terraza delantera en el meridiano, y allí la multitud reunida tuvo una última visión de los restos.

La procesión se dirigió primero hacia el norte hasta el «Muro Haha», que bordea el césped (y que ha sido restaurado recientemente), luego hacia el este hasta el paseo frente a la mansión, y después, por este paseo, en dirección sur, hasta la antigua tumba; la milicia encabezaba la marcha, seguida por los masones, la familia y otros dolientes que iban en la retaguardia. Al llegar a la tumba, la procesión se dividió en columnas, mirando hacia el interior; invirtiendo el orden de marcha, la familia y los parientes pasaron a través de las filas separadas, formando un círculo interior alrededor de la tumba; a continuación venían los masones, que se dispusieron en un círculo exterior alrededor de la familia, mientras que la milicia retrocedía hasta la cresta de la colina, formando una columna mirando hacia el este, hacia el río. «Los ministros celebraron sus servicios divinos, los masones sus ritos místicos y la milicia cerró las ceremonias con sonoras salvas sobre el féretro del caudillo caído».

El atardecer estaba muy avanzado y profundas sombras caían sobre el familiar paisaje que rodeaba el amado hogar de Washington, antes de que la Logia, con su escolta militar y cívica, emprendiera su solitaria marcha sobre las colinas nevadas de Virginia de regreso a la pequeña ciudad de Alejandría, a nueve millas de distancia. Qué lejanas parecen ahora estas escenas bajo el posterior esplendor de los logros del hombre. Estos abnegados artesanos emplearon varias horas en su solemne marcha a través del crepúsculo desde Mount Vernon hasta

Alejandría, mientras que en estos días de tránsito rápido los turistas suben a un tranvía en las puertas de Mount Vernon y, casi en paralelo a la carretera por la que discurrió el cortejo fúnebre, hacen el viaje en treinta minutos.

El 12 de enero de 1785, el general escribió en su diario: «Fui a Alejandría, asistí al funeral de William Ramsay, el habitante más antiguo de la ciudad. Caminó en la procesión con los francmasones; él, siendo miembro de esa orden, fue enterrado con sus ceremonias». Fue este William Ramsay quien reservó en su testamento media parcela de terreno para edificios municipales en Alejandría, reservando en ella un lugar para un templo masónico. Frente a esta parcela, al oeste, se alza el antiguo hotel de la ciudad, cuartel general de Washington mientras esperaba a Braddock en 1755; desde su escalinata, en 1799, celebró su última revista militar y dio su última orden militar, treinta días antes de morir. Frente a ella, en el este, se encuentra la también histórica Carlysle House, cuartel general de Braddock en 1755, donde Washington recibió su nombramiento como comandante del Estado Mayor de aquel malogrado general, y en la que también, durante la conferencia de los cinco gobernadores, celebrada en aquel momento, se hizo la primera sugerencia de impuestos coloniales por parte del Parlamento británico; y en el antiguo Palacio de Justicia, que se alzaba en esta plaza, Washington emitió su último voto, en 1799 -en él también se registró su testamento, el 20 de enero de 1800-. En 1802, la Logia erigió su primer templo en el emplazamiento proporcionado por Ramsay. No era más que una pequeña estructura, flanqueada entonces a ambos lados, como lo está hoy la más moderna y cómoda, por alas divergentes del ayuntamiento.

Inmediatamente después del funeral de Washington, sus amigos y parientes empezaron a enviar a la logia, como regalos, valiosos recuerdos que habían sido una de las posesiones más preciadas del general o que de algún modo habían estado estrechamente relacionados con él en vida. Tan numerosas fueron estas donaciones que en 1818 el Consejo Municipal de Alejandría, para aliviar la congestionada condición de la Logia, reservó una sala en el Ayuntamiento contigua al Templo con el propósito específico de exhibir las reliquias, y la logia nombró un custodio de este museo. En 1870, el antiguo templo de madera, erigido en 1802 junto con todo el ayuntamiento, que albergaba el museo, fue reducido a cenizas. Afortunadamente, gracias a los heroicos esfuerzos de los bomberos y de varios masones que estaban presentes y ayudaron en el rescate, la mayoría de los tesoros se salvaron, pero algunos de los más valiosos fueron robados o destruidos. Entre los objetos perdidos se encontraban el féretro en el que Washington fue llevado a la tumba, el crespón que colgaba de la puerta de Mount Vernon en el momento de su muerte, un retrato de Martha Washington en su juventud, la silla de montar militar de Washington, un sofá que estaba en el vestíbulo de Mount Vernon, la mesa de cartas de Washington, numerosas cartas originales del General, la bandera del salvavidas de Washington; un busto del célebre Paul Jones, obsequiado a Washington por La Fayette, la bandera que ondeó sobre el «Bon Homme Richard» en su lucha a muerte con el «Seraphis», obsequiada por Paul Jones; y otras numerosas adquisiciones históricas y muy preciadas cayeron ante el rey del fuego.

A pesar de esta grave pérdida, en la actual sala de la Logia, erigida en 1872 en el emplazamiento del antiguo Templo, se conserva la colección más valiosa de reliquias y recuerdos auténticos de Washington que existe, con la posible excepción de la colección de Mount Vernon. Allí vemos la Silla del Maestro, regalada por Washington, en uso durante ciento diecisiete años, ahora conservada en una vitrina. En un nicho en la pared, que ocupa un espacio de aproximadamente 60 por 90 centímetros, se exhiben los guantes de boda de Washington; espuelas de granja, una podadera, un guante que llevó durante el luto por su madre, sus compases de bolsillo, instrumentos de sangría y ventosas, una pequeña navaja que su madre le regaló cuando tenía doce años -y que conservó durante cincuenta y seis años-; un botón cortado de su chaqueta durante su primera investidura; una correa de polaina que usó Washington en la batalla de Fort Duquesne (estas piezas fueron donadas en 1803 por el capitán George Steptoe Washington, sobrino del general y uno de los albaceas de su testamento); y su mandil masónico, bordado por madame La Fayette, acompañado de una banda de seda y una caja con incrustaciones, obsequio a la logia en 1812 por Lawrence Lewis, también sobrino del general, quien se casó con su hija adoptiva, Nellie Curtis. En la misma vitrina hay también un retrato del Dr. Dick; la balanza medicinal de Dick, y a su lado la balanza medicinal de Washington; un trozo del abrigo de Braddock usado en la batalla de Fort Duquesne, y otros artículos de gran interés.

En otra vitrina se exhibe la pequeña paleta con la que Washington colocó la piedra angular del Capitolio Nacional; las representaciones de las luces menores utilizadas en aquella ocasión y en el funeral de Washington; el reloj de su alcoba, detenido por el Dr. Dick en el momento exacto de su muerte y donado a la Logia por la señora Washington, con las agujas aún marcando la hora precisa de su fallecimiento: las diez y veinte de la noche. Se dice que es el único mueble de la habitación donde murió el General que no ha sido devuelto a su lugar original.

Colgados de las paredes hay numerosos mandiles de los contemporáneos del general, algunos de ellos de elaborado diseño con los emblemas de la masonería labrados en seda, entre ellos los de Dick y Craik. Cartas autógrafas de Washington y raros grabados antiguos del Padre de la Patria y otros personajes importantes adornan también el vestíbulo lateral, mientras que cuadros de personajes históricos, realizados por célebres artistas, embellecen la sala de la Logia propiamente dicha. Entre ellas sólo nombraremos algunas. Probablemente el más interesante de todos sea el retrato del propio general, pintado del natural por Williams de Filadelfia, en 1794, para la logia. Es una joya del arte. A pesar de que ha estado expuesto a una luz deslumbrante durante más de cien años, sus audaces líneas y ricos colores son tan llamativos y frescos hoy, aparentemente, como lo eran cuando recibió el último toque del pincel del Maestro hace 120 años.

Lamentablemente, al tratarse de un pastel y, como ya hemos indicado, de colores muy vivos, esta obra no puede reproducirse satisfactoriamente mediante un tramado en semitonos, por lo que solo puede apreciarse en toda su plenitud al observar el original de cerca. La logia tiene una oferta permanente por este cuadro de 100.000 dólares.

Para evitar la publicidad, la logia rechazó todas las solicitudes de reproducción del cuadro hasta hace unos años. Se dio permiso para que se copiara al óleo para la Gran Logia de Pensilvania. El hermano Julius Sachse, al solicitar una copia, declaró que sus investigaciones sobre unos cincuenta cuadros del general Washington, muchos de ellos realizados del natural, le convencieron de que el Williams era el retrato más auténtico que existía. No se ha ocultado ni omitido ni una sola mancha en el rostro del sujeto. La cicatriz de la mejilla izquierda, que otros muestran como un hoyuelo, el lunar negro bajo la oreja derecha y las marcas de viruela en la nariz son claramente visibles en el original del cuadro de Williams en la logia, y en menor medida en la reproducción en colores que aparece en *The Builder*, que está hecha a partir de la misma lámina que el frontispicio del libro de Charles H. Callahan, *Washington, el hombre y el masón*, que es la primera y única reproducción fotográfica en colores que se ha hecho. La historia de esta gran obra es breve. La logia, deseosa de obtener un retrato fiel de su ilustre Primer Maestro, aprobó una resolución en la que solicitaba al general Washington que se sentara para pintar el cuadro, obtuvo su consentimiento y contrató a Williams, un artista de Filadelfia, para realizar la obra. En el momento en que se pintó el cuadro, el general Henry (Harry el de la Caballería Ligera) Lee, representante del Octavo Distrito del Congreso, en el que se encuentra Alejandría, en el Congreso Nacional, siendo no sólo el representante oficial de su sección sino miembro de la Fraternidad, organizó la sesión y presentó el artista al presidente Washington. Una vez terminado el trabajo y aprobado por el general

Washington, Williams entregó personalmente el cuadro a la Logia, que lo aprobó oficialmente y pagó al artista por sus servicios.

El siguiente lienzo importante es una pintura al óleo de tamaño natural de Thomas, sexto lord Fairfax, barón de Cameron, para quien Washington hizo encuestas cuando era niño, del famoso pincel de sir Joshua Reynolds. Al ser el único cuadro que se conserva del viejo Lord, tiene un valor doble, y los críticos de arte lo han estimado en 150.000 dólares. Además de estos vemos a La Fayette en uniforme colonial, por Charles Wilson Peele, el cuadro de Pope Peele de Washington, un rico grabado de la familia Washington por Savage (1798), un lienzo de tamaño natural de La Fayette con atuendos masónicos, mostrándole en su vejez, y muchas, muchas otras obras de arte inusuales, recuerdos y tesoros que no pueden ser descritos adecuadamente o incluso programados en un artículo de este tipo. Se trata, en efecto, de una colección de valor incalculable, en torno a la cual se aferran los recuerdos más entrañables y que, en su asociación, forman un vínculo fraternal perdurable entre el presente material y ese pasado romántico.

Al erigirse el nuevo Templo y el Ayuntamiento no se tomaron medidas para restaurar el museo, y estas valiosas reliquias se conservan ahora en una estructura no ignífuga erigida sobre un mercado público y calentada por grandes estufas de hierro fundido. El acceso a la logia propiamente dicha se realiza a través de otro edificio por una escalera de caracol y por ningún medio concebible podrían salvarse todos estos tesoros de la destrucción si el templo combustible fuera presa de un incendio desastroso como ocurrió con el original en 1870.

ELEMENTOS UNIVERSALES EN MASONERÍA

La verdadera masonería es universal. No conoce más raza que la humana. No reconoce distinciones de clase ni divisiones de la sociedad, sino la capacidad de servir a la humanidad. Sitúa a la humanidad por encima de las naciones y de los rangos de la realeza. Eleva a todos los hombres al alto nivel de hijos de Dios, hermanos de los hombres.

La masonería, mediante la lectura, el símbolo y el drama, representa la verdad, y la verdad es la verdad en todo el mundo, ya sea en las grandes universidades de América o en los campos empapados de sangre de Europa o en la isla más oscura del mar. La masonería es religiosa, ya que se presta fácilmente a la inculcación de aquellas verdades que satisfacen el anhelo universal del corazón de los hombres. Reconociendo al Arquitecto Supremo del Universo como Padre y a toda la humanidad como una gran hermandad, la masonería impone a cada hombre la sagrada obligación de reverenciar a la Gran Deidad y de prestar servicio a sus semejantes. Así, en sus ideales y propósitos, la masonería es universal y es casi universal en su maravillosa y benigna influencia.

La masonería del Rito Escocés es la más alta y mejor expresión de los elementos universales de la masonería. A su altar acuden hombres de todas las naciones, de todos los rangos, de todas las creencias, para inclinarse en reverencia ante el Gran Espíritu a quien hemos aprendido a conocer como «Padre nuestro que estás en los cielos» y ante quien «sólo nosotros doblamos la rodilla». Aquí los espíritus afines se mezclan mientras partimos juntos el pan en señal de nuestra amistad, comprometiéndonos de nuevo con la hermandad común. Bebemos el cáliz común, símbolo de nuestras mutuas necesidades, vinculándonos de nuevo a la caridad y a la paciencia, a la abnegación y a la virtud, a la verdad y al honor. En esta comunidad, la libertad es reina y con su cetro, enjoyado con tolerancia y aprecio, domina amorosamente todos los corazones. Charles Henry Stauffacher, Iowa.

El mayor catálogo del mundo
de libros de masonería
en castellano.

Autores actuales
Estudios históricos
Obras clásicas
Libros prácticos
Literatura y arte
Trabajos biográficos
Obras institucionales
Rituales
Tradición hermética
Guías históricas
...
(más de 600 obras publicadas)

WASHINGTON,
EL HOMBRE Y EL MASÓN

Por el Hno. G. H. Sawyer, Iowa

L a bondad genuina es inconsciente; no busca ser reconocida, pero su imitación vulgar es algo digno de desprecio. Solo cuando el hombre es leal a sí mismo, será verdaderamente valorado».

Aquí y allá, en el calendario del tiempo del mundo, el dedo del Todopoderoso se ha posado durante su avance por sus páginas con singular significado, dejando su huella indeleble e inconfundible. Estas huellas marcan los días señalados de la historia y del progreso. A veces, el día así señalado por el Gran Arquitecto conmemora alguna hazaña o batalla que Él desea que reconozcamos como un hito en el camino del progreso, en la senda que conduce a aquel último gran día en que Dios será reconocido en hechos, y no solo en palabras, como el Padre de todos, y en que todos los hombres se verán como hermanos.

Pero también sucede que esta huella divina se debe a la consagración de una fecha como el natalicio de algún hombre o mujer destinado a realizar un gran servicio para Dios, la humanidad y el mundo. Resulta extraño que el pequeño mes de febrero conmemore el nacimiento de los dos hombres más grandes cuyos nombres adornan las páginas de la historia de Estados Unidos. Si alguien presume de dudar de que un Dios omnisapiente ha guiado desde el principio a esta nación nuestra, que estudie con cuidado la biografía de Washington y de Lincoln y aprenda allí las lecciones que Él enseñaría.

Nunca debe honrarse la memoria de uno de estos nobles en su día natal sin mencionar los servicios del otro.

Washington y Lincoln... qué nombres con los que conjurarse. Dios quiso que el segundo complementara la labor del primero y, para que sus recuerdos se conservaran en común, hizo que sus días natales estuvieran muy próximos en la exigua página de febrero. Washington, nacido en el honor y la abundancia, y Lincoln, en la humildad y la pobreza, nos enseñan la lección que tanto necesitamos en estos últimos tiempos: que patricios y plebeyos, ricos y pobres, altos y bajos, son distinciones que no deben tenerse en cuenta en nada que tenga que ver con las cosas americanas. Entonces, también, qué similares y, sin embargo, qué enormemente diferentes eran estos grandes americanos. También aquí puede leerse el plan de Dios. En un período de agitación mundial, se necesitaba un hombre cuyo corazón latiera en estrecha consonancia con la lucha de la virilidad por la igualdad y, sin embargo, un hombre cuya dignidad, reclusión y aparente severidad de carácter prohibieran en todo momento una familiaridad que significara anarquismo y destrucción. Para atestiguar bien los horrores de la Revolución Francesa. Pero en la época de Lincoln una medida puramente local exigía en cierto sentido un hombre cuya formación, maneras y método lo hicieran familiar casi hasta el desprecio. Dignidad austera y reclusión has hecho de un Washington en tiempos de Lincoln una farsa y de Lincoln en tiempos de Washington una tragedia nacional. Ante Washington, el Padre, y Lincoln, el Salvador de nuestro país, nos inclinamos en humilde reverencia.

Mientras como nación rendimos homenaje hoy a la memoria de Washington, es particularmente apropiado que los masones nos reunamos en nuestros diversos hogares masónicos y en solemne quietud alrededor de nuestros altares contemplemos las virtudes de este hombre y masón; este gran personaje que ejemplificó todas las virtudes que la masonería inculca. La historia de la masonería y la vida de Washington están tan íntimamente entrelazadas que no parecen sino la trama y el hilo de un mismo tejido. El año 1732 marca el año de nacimiento de Washington, y alrededor de esa fecha por primera vez la masonería reconocida hace su aparición formal en suelo americano en forma de logias establecidas. Desde esa fecha hasta la actualidad, los masones y la masonería han desempeñado papeles importantes en la maravillosa historia de nuestra república. No es ésta la ocasión de alabar esta orden, ni la institución necesita o exige elogios públicos. Sin embargo, al repasar la historia del pasado, no podemos sino estar agradecidos de que a los masones se les haya permitido, bajo la providencia de Dios, contribuir como lo han hecho a la libertad y al progreso, tal como se ejemplifica en el desarrollo de los Estados Unidos. Agradezcamos que ni una sola palabra en la obligación que asumimos ni un solo acto en los ritos místicos que nos permitimos entre en conflicto en el más mínimo grado con nuestro deber hacia Dios, nuestro país, nuestro prójimo o nosotros mismos, sino que más bien fomenta e impulsa lo más noble y lo mejor en el camino del progreso social, cívico y religioso.

Recordemos brevemente algunos acontecimientos de la historia de nuestro país en los que los masones y la masonería han desempeñado un papel importante. El Motín del Té de Boston de 1773 quizá quede envuelto en el misterio para siempre y, sin embargo, apenas cabe dudar de que los hermanos masones que querían reunirse en las habitaciones de la taberna Old Green Dragon de Boston podrían haber levantado el velo del misterio si hubieran estado dispuestos a ello. Fue un mensajero masónico en la persona de Paul Revere quien, el «18 de abril del 75», llevó el mensaje lanzado desde la torre de la Old North Church en aquella noche histórica de hace tantos años. Bunker Hill fue consagrado para siempre por el derramamiento de sangre preciosa. La masonería ofreció como sacrificio al Gran Maestro de los masones de Massachusetts en la persona del general Warren, cuyo nombre se menciona siempre en todos los relatos de aquel memorable combate. Por una extraña coincidencia ocurrió que el mismo día en que Warren cayó, otro hermano en la persona de Washington recibió su comisión como Comandante en Jefe de las fuerzas americanas. La Declaración de Independencia es reconocida en todo el mundo como la más profunda exposición de la libertad cívica y religiosa jamás escrita por el hombre. La historia y la tradición nos informan de que entre los firmantes de ese documento de formación de época había varios líderes del pensamiento público para quienes las enseñanzas masónicas eran una fuente constante de inspiración.

En el cuadro de honor masónico en relación con la Guerra de la Independencia, además de los ya mencionados, se encuentran los nombres de los siguientes, a quienes nos complace designar como hermanos: Benjamin Franklin, el astuto diplomático y estadista; el barón Steuben, el maestro de instrucción prusiano; el general Israel Putnam, los dos Randolph, Edward y Robert Livingston, el general Knox, y por último, pero no por ello menos importante, el gran La Fayette, el compañero y confidente de Washington que en los oscuros días de la intriga reivindicó el carácter de su hermano cuando fue injustamente difamado. Con él, Estados Unidos tiene una deuda de gratitud sin medida. Hasta qué punto los lazos fraternales animaron y alentaron a estos hombres durante esos largos ocho años puede comprenderse un poco repasando la correspondencia de la época.

El 30 de abril de 1789, Washington prestó juramento como primer presidente de los Estados Unidos. La ceremonia fue impresionante. El juramento fue prestado por Robert E. Livingston, canciller del Estado de Nueva York y Gran Maestro de los masones de dicho Estado. La Biblia sobre la que descansaba la mano de Washington cuando contrajo aquel solemne compromiso había sido tomada del altar de la Logia de San Juan n.º 1 de la ciudad de Nueva York. Tras prestar juramento, Washington besó con reverencia la página del volumen sagrado. La hoja sobre la que se habían posado sus labios se plegó entonces y, tras la ceremonia, el honorable volumen fue devuelto a su cojín de terciopelo carmesí sobre el altar, donde permanece hasta el día de hoy.

En otras dos ocasiones memorables de la carrera de Washington como Presidente, la masonería desempeñó un papel histórico. El 15 de abril de 1791, con ceremonias masónicas, se colocó la piedra angular sureste del Distrito de Columbia, desde cuyo punto se midió el área que comprende los terrenos federales, cuya ubicación se había dejado con deferencia a Washington; y de nuevo el 18 de septiembre de 1793, con la más elaborada e impresionante de las ceremonias masónicas, Washington como Gran Maestro *protemp.* colocó la piedra angular del edificio del Capitolio en la ciudad que lleva su nombre. Desde los tiempos de Washington, al menos ocho hermanos masones han ocupado el sillón presidencial. De principio a fin, la historia de la masonería en América ha sido honorable.

Pero es a Washington, el hombre, a quien queremos rendir homenaje hoy. Alguien ha dicho que la perpetuidad de esta nación depende del espíritu y la manera en que el pueblo estadounidense observe sus días patrios. Si esto es cierto, debemos prestar atención a la acusación de que la nueva generación carece de estos tres elementos esenciales: moderación, respeto y reverencia. Lord Brougham ha dicho que «La veneración que se rinde al nombre inmortal de Washington será siempre una prueba del progreso que nuestra raza haga en sabiduría y en virtud."

Hemos dicho que Washington ejemplificaba todas las virtudes que inculca la masonería. A la edad de 20 años solicitó ser admitido en la orden mística y poco después de alcanzar la mayoría de edad fue nombrado Maestro Masón. Las enseñanzas de la orden le impresionaron profundamente y su conexión con ella fue íntima y constante. La historia de su vida es demasiado conocida para repetirla. Quizá podamos sacar más provecho haciendo pasar ante nuestros ojos algunas escenas que tiendan a mostrar al hombre y las virtudes que le eran propias. La vida hogareña de Washington ofrece una bella imagen de devoción a la esposa y a la madre. Era un hijo y un marido ideal. ¿Qué homenaje podría ser mayor? Era un hombre apasionadamente enamorado de su hogar y nada en la tierra habría estado tan en armonía con su concepción de una vida feliz y satisfecha como que se le hubiera permitido pasar sus días en la supervisión de su hermosa finca de Mt. Vernon. Pero durante los cuarenta y siete años que transcurrieron desde su mayoría de edad hasta su muerte, a los sesenta y ocho años, se vio obligado a cumplir con deberes públicos de la naturaleza más exigente, y difícilmente se retiraba a la paz y la tranquilidad en algún momento sin que algún nuevo deber lo enfrentara, y cuando el deber lo requería, la comodidad y las preferencias personales quedaban de lado. Extractos de cartas escritas por él a amigos personales al final de la guerra respiran la satisfacción que sentía al poder vivir de nuevo la vida privada. Uno de estos extractos dice lo siguiente: «El panorama ha cambiado. En vísperas de Navidad, entré por estas puertas siendo un hombre nueve años mayor que cuando las dejé. Estoy empezando a experimentar la facilidad y la libertad de la atención pública que, sin embargo deseable tomar algún tiempo para darse cuenta. Espero dedicar el resto de mis días a cultivar el afecto de los hombres de bien y a practicar las virtudes domésticas. No sólo me he retirado de todos los empleos públicos, sino que me retiro dentro de mí mismo y podré contemplar el paseo solitario y hollar los senderos de la vida privada con una sentida satisfacción. Envidioso de nadie, estoy resuelto a complacer a todos, y siendo éste, mi querido amigo, el orden de mi marcha, avanzaré suavemente por la corriente de la vida hasta que duerma con mis padres».

Pero qué pronto se hizo añicos este sueño. Siguieron los agitados días de la Convención Constitucional y los ocho años de presidencia. De nuevo se retiró voluntariamente a la vida privada, pero una vez más acudió a la llamada del deber. Apenas se había sentado Adams en el sillón presidencial cuando Francia asumió una actitud tan beligerante que los nubarrones de la guerra se cernieron densos y pesados. Washington recibió y aceptó a regañadientes el mando del ejército provisional contra Francia y se trasladó de inmediato a Filadelfia para perfeccionar los planes de una campaña militar. Esto fue a la edad de sesenta y cinco años. Afortunadamente, el sentimiento de Francia cambió y Washington se salvó. Pero todo esto enseña bien la lección al hombre y al masón de que cuando la responsabilidad pública busca al hombre, éste tiene muy poco derecho a resistirse a la llamada.

Dos de las muchas bellas imágenes cuentan la historia de la devoción de Washington por su madre. La caída de Yorktown se había consumado. La guerra había terminado. Su viaje de Nueva York a Virginia había sido una ovación continua. En Fredericksburg se detuvo para visitar a su anciana madre. No permitió que la pompa o el boato empañaran la escena. Estaba sola. Sus ancianas manos estaban ocupadas con las tareas domésticas cuando él cruzó el umbral. Sonrió al girarse para saludarle. El abrazo y el beso de una madre eran más para él que el ondear de las banderas y el toque de trompetas. No se dijo ni una palabra de los poderosos conflictos. Para ella no era el más humilde del poder de Gran Bretaña. Era el hijo por el que ella se había sacrificado y que en los años de la madurez había coronado su vida de gloria, no como comandante en jefe del ejército americano, sino en virtud de una vida pura y recta. Con la solicitud de una madre y sólo como una madre puede hacerlo, notó los surcos que siete años de penas de la nación habían arado profundamente en su frente.

Esa noche estaba prevista una gala en la ciudad en honor de la presencia de Washington. Los distinguidos hombres de esta y otras naciones que habían acompañado a Washington a la ciudad, junto con la brillante compañía de lo mejor de Virginia, se encontraban en el salón de recepciones. La madre Washington accedió a estar presente aunque dijo con recato que sus días de bailarina habían terminado. Apoyada en el brazo de su hijo, emergió entre el alegre grupo. Una bella imagen, vestida con el sencillo pero favorecedor vestido de la dama de Virginia de los viejos tiempos. Con tranquila reserva y dignidad, recibió a la flor y nata de la sociedad de Virginia y las refinadas atenciones de los galantes oficiales franceses presentes. Fue cortés, pero sin nada de altanería cuando sus cumplidos cayeron sobre ella. A una hora temprana se retiró diciendo simplemente que deseaba a la compañía mucha alegría en su entretenimiento, pero que ya era hora de que los viejos como ella se fueran a la cama. De nuevo del brazo de Washington salió de la habitación. Para los oficiales del ejército presentes, familiarizados con las distinciones artificiales de la vida social en el viejo mundo, esta escena fue una revelación. Con asombro no reprimido dijeron entre ellos que a cualquier país que produjera madres como aquella nunca le faltarían hijos ilustres.

En la primavera de 1789, de camino a Nueva York, la capital federal, donde, como presidente electo, iba a jurar su cargo, Washington, una vez más consciente de su deber filial, se detuvo en Fredericksburg para ver a su madre. Vino a explicarle que de nuevo su país reclamaba sus servicios, pero que pronto regresaría. Con visión profética interrumpió: «No volverás a ver mi rostro; mi gran edad me advierte que no duraré mucho en este mundo. Pero ve, George, cumple con los altos deberes que el Cielo parece asignarte, y que las bendiciones del Cielo y de una madre te acompañen.» Washington escondió la cara en su hombro y lloró. Su profecía era demasiado cierta. Su cuerpo descansa en un lugar que ella misma eligió, cerca de un saliente de rocas donde solía ir a rezar, un lugar sagrado para la libertad de los Estados Unidos gracias a las oraciones de una madre por su hijo mientras soportaba las cargas de la nación.

Según algunos críticos, Washington era severo, frío y poco receptivo. Tal vez en cierta medida la acusación sea cierta en lo que respecta a la manifestación externa. Pero debemos recordar que se trataba de un período de transición entre la dignidad artificial y la pompa que rodeaban al poder tal como se manifestaba en el cargo, y ese deseo creciente de romper con toda esa artificialidad y reducir todo al nivel de la igualdad absoluta en forma y efecto. Ninguno de los extremos es seguro ni puede existir durante mucho tiempo.

Uno de los mayores secretos del poder de Washington reside precisamente en este elemento. Pero que bajo un exterior severo latía un corazón de hermano, que nadie lo dude. Si hay alguna duda, vuelve a leer la historia de Valley Forge. Durante aquel terrible invierno, el cuartel general de Washington estuvo en casa de un ministro cuáquero. Se dice que un día, mientras paseaba por el bosque, este buen cuáquero se encontró accidentalmente con Washington absorto en una oración audible. Se dice que, después de esta experiencia, el ministro comentó que, desde aquel momento, no había dudado ni un instante del resultado de la lucha, pues tales oraciones debían ser atendidas.

> ¿Oh, quién podrá comprender
> el poder de aquellas palabras?
> El destino de las naciones cambió
> con el fervor de aquella plegaria.

Tal vez la escena que más nos habla de su vida interior es la que tuvo lugar en la Taberna de Fraunces, en Nueva York, el 4 de diciembre de 1783. La ocasión era la reunión de los principales oficiales de la guerra para despedirse definitivamente de su comandante. «Cuando Washington entró en la sala y se presentó ante ellos por última vez no pudo ocultar sus emociones. Llenando un vaso, lo levantó y dijo: Con un corazón lleno de amor y gratitud me despido de ti, y deseo fervientemente que tus últimos días sean tan prósperos y felices como gloriosos y honorables han sido los primeros». Y luego, con la voz temblorosa por la emoción, añadió: «No puedo ir a despedirme de cada uno de vosotros, pero os estaré agradecido si venís y me cogéis de la mano». El general Knox se situó cerca de él. Washington le tendió la mano y, sin poder expresarse, le estrechó contra su pecho con un tierno abrazo. Cada oficial recibió a su vez la misma despedida silenciosa y afectuosa. Todos los ojos se llenaron de lágrimas, todos los corazones palpitaron de emoción, pero ninguna lengua interrumpió la ternura de la escena. Para quienes solo lo habían conocido como un comandante severo, fue como cuando Joseph se dio a conocer a sus hermanos; pero para aquellos que lo habían encontrado como Hermano en la logia, no fue sino la renovación del apretón místico y del silencioso y bien conocido abrazo que ya habían compartido antes».

Pasó llorando por aquel triste grupo, se volvió una vez y miró, y luego se fue... Fue su momento más tierno y el último.

Otra virtud que enseña la masonería es la benevolencia. Hasta qué punto se ejemplificó en la carrera de Washington deja que el siguiente extracto de una carta suya al principio de la guerra dé testimonio. Esta carta fue escrita al encargado de su finca en Mt. Vernon y en un momento en que la desmoralizada condición de su ejército bien podría haber exigido todo su tiempo y pensamiento. «Que se mantenga -dijo- la hospitalidad de esta casa hacia los pobres». Que nadie se vaya con hambre. Si alguno de estos tipos de personas carece de maíz, suple su necesidad, siempre que no le incite a la ociosidad. No me opongo a que des mi dinero en caridad cuando creas que será bien empleado. Quiero decir que es mi deseo que así sea». Esto, junto con el hecho de que, a pesar de todo su sacrificado servicio durante la guerra, no aceptara más que sus gastos, pone en evidencia la corrupción y la codicia de la vida pública actual.

Una vez transcurridos sus ocho años de presidencia, buscó con impaciencia la tranquilidad de Mt. Vernon y la feliz compañía privada de su esposa. En una carta lo expresaba así: «Al viajero cansado que ve un lugar de descanso y dobla su cuerpo para apoyarse en él me comparo ahora». Pero los enemigos políticos, olvidados de sus servicios y sacrificios, trataban de difamarlo. Para su eterno orgullo y gran consuelo, pudo decir que «la rectitud consciente y la voz aprobatoria de su país» eliminaron el aguijón de las críticas.

La vida privada de Washington duró menos de tres años. Su enfermedad mortal comenzó la noche del 12 de diciembre de 1799. El médico no daba esperanzas. «Está bien -dijo Washington-, no tengo miedo de morir». A los pies de la cama, con la cara hundida en las cortinas, la fiel esposa rezaba en silencio para que el final fuera tranquilo. Su oración fue escuchada. «Está bien, todo ha terminado.

Pronto le seguiré. No tengo más pruebas por las que pasar». Así acabó la vida de Washington.

> Y su alma, desnuda y sola
> compareció ante el Gran Trono Blanco
> tan pura e inmaculada -creemos-
> como el mandil de cuero que recibió
> tantos años atrás.

Con ceremonias masónicas completas, junto con el servicio funerario de la iglesia episcopal dirigido por su pastor y hermano masón, su cuerpo fue depositado en una tumba cerca de la cual descansa ahora. La Biblia sobre la que había prestado juramento como presidente fue traída de la sala de la logia en Nueva York y desempeñó un papel conspicuo en las ceremonias del día. El caballo de guerra de Washington, sin jinete ese día pero con silla, cartucheras y pistolas, ocupó su lugar en la procesión.

Qué maravillosos cambios en estos más de cien años desde aquel lejano día del funeral. Nuestro ascenso nos ha llevado de ser una de las naciones más humildes de la historia a una potencia mundial cuya influencia no tiene parangón. Pero en esto mismo reside nuestro mayor peligro. Para que las virtudes de Washington y los ideales por los que él y sus compatriotas lucharon se conserven intactos, volvamos aquí y ahora, como ciudadanos y como masones, a consagrarnos al servicio de Dios y de la humanidad, y honremos así su memoria.

> Dios de nuestros padres, conocido desde antiguo,
> Señor de nuestras lejanas líneas de batalla,
> bajo cuya temible mano sostenemos
> el dominio sobre palmas y pinares,
> Señor Dios de los Ejércitos, aún acompáñanos,
> no sea que olvidemos... no sea que olvidemos.

EL CARÁCTER DE
WASHINGTON

Por el Honorable W.E.H. Leckey

l éxito final de la Revolución Americana se debe al nombramiento de Washington, mucho más que a cualquier otra circunstancia. Puntual, metódico y exacto en grado sumo, sobresalía en la gestión de esos detalles minuciosos que son tan esenciales para la eficacia de un ejército, y poseía en grado eminente no sólo el valor común de un soldado, sino también esa forma mucho más rara de valor que puede soportar un suspense prolongado, soportar el peso de una gran responsabilidad y enfrentarse a los riesgos de la tergiversación y la impopularidad. Durante varios años, y normalmente en la vecindad de fuerzas superiores, comandó un ejército perpetuamente fluctuante, casi totalmente desprovisto de disciplina y respeto por la autoridad, desgarrado por los celos personales y provinciales más violentos, miserablemente armado, miserablemente vestido, y a veces en peligro inminente de inanición. Sin el apoyo de la mayor parte de la población entre la que estaba acuartelado, e incesantemente frustrado por los celos del Congreso, mantuvo unido a su ejército mediante una combinación de habilidad, firmeza, paciencia y juicio que rara vez ha sido superada, y al final lo condujo a un gran triunfo. Tanto en la vida civil como en la militar, fue preeminente entre sus contemporáneos por la claridad y solidez de su juicio, por su perfecta moderación y autocontrol, por la serena dignidad y la indomable firmeza con la que siguió todos los caminos que había elegido deliberadamente. De todos los grandes hombres de la historia, fue el más juicioso, y apenas se le conoce una palabra, acción o juicio imprudente.

Quienes le conocieron bien se dieron cuenta de que tenía una sensibilidad aguda y fuertes pasiones; pero su poder de autocontrol nunca le falló, y ningún acto de su vida pública puede atribuirse al capricho personal, la ambición o el resentimiento.

En el abatimiento de un fracaso prolongado, en la euforia de un éxito repentino, en momentos en que sus soldados desertaban por centenares y en que se formaban complots malignos contra su reputación, en medio de las constantes disputas, rivalidades y celos de sus subordinados, en la hora oscura de la ingratitud nacional, y en medio de la adulación más universal y embriagadora, siempre fue el mismo hombre tranquilo, sabio, justo y de una sola mente, persiguiendo el curso que creía correcto sin miedo ni favor ni fanatismo; igualmente libre de las pasiones que brotan del interés y de las pasiones que brotan de la imaginación. Nunca actuó impulsado por un entusiasmo absorbente o irreflexivo, y valoraba mucho la fortuna, la posición y la reputación; pero a la orden del deber estaba dispuesto a arriesgarlas y sacrificarlas todas. Era, en el sentido más elevado de la palabra, un caballero y un hombre de honor, y llevaba a la vida pública el más severo estándar de la moral privada. Al principio, amplios sectores del pueblo estadounidense temían constantemente que, si el antiguo Gobierno era derrocado, caerían en manos de aventureros militares y sufrirían el yugo del despotismo militar. Fue sobre todo la transparente integridad del carácter de Washington lo que disipó el miedo. Sus amigos siempre supieron, y pronto fue reconocido por toda la nación y por los propios ingleses, que en Washington América había encontrado un líder que no podía ser inducido por ningún motivo terrenal a decir una falsedad o a romper un compromiso o a cometer cualquier acto deshonroso. Los hombres de este tipo moral afortunadamente no son raros, y todos los hemos conocido en nuestra experiencia; pero apenas hay otro caso en la historia de un hombre así que haya alcanzado y mantenido la posición más alta en las convulsiones de la guerra civil y de una gran agitación popular.

A LESSING

Tú no lo sabes -nadie lo sabe-, pues si lo supieras,
tu alma rompería los límites del tiempo y el espacio
para pararse aquí, gritando en la plaza del mercado,
gritando a quienes no saben lo que hacen.
De todos los hijos que aman a su patria,
tú, el mejor, podrías servirla en su hora desesperada-
tú, a quien ningún poder pudo forzar a nada vil,
cuya vida fue, tan solo, la pasión de ser verdadero.
¡Ah, para qué sirve entonces la elevada vacuidad de tu espíritu,
la llama blanca de Schiller,
la calma olímpica de Goethe,
si después de ti vienen hombres de mirada mezquina,
hombres que traicionan tu verdad sin el menor remordimiento,
que creen -¡por Dios!- merecer un lugar al sol,
mientras a su alrededor reinan
el infierno negro y la fe destruida!
                                          R. R. Morgan.

EN PROPORCIÓN

Si solo una cosa pudiera decir,
que tal vez contigo pudieras partir,
es que tu masonería valdrá en verdad
tanto como le des seriedad.
                                          L.B.M.

MASONERÍA

No es un «carro de mercado» con bienes terrenales,
que todos por igual debemos conquistar;
sino un vehículo cargado de misterios sin iguales...
un «carro del sol» que nos viene a elevar.
                                          L.B.M.

MONUMENTOS A GRANDES HOMBRES QUE FUERON MASONES

Por el Hno. G. W. Baird, P.G.M., Distrito de Columbia

JOHN MARSHALL

EL cuarto presidente del Tribunal Supremo de los Estados Unidos y Gran Maestro de los Francmasones del Estado de Virginia. La espléndida estatua de bronce que se muestra en la imagen fue un obsequio a la Nación por parte del Colegio de Abogados. Es la única estatua en el aparcamiento de los terrenos del Capitolio de Washington. Descansa sobre un pedestal cúbico de mármol, en el lado oeste del edificio, al pie de la terraza.

Muestra al gran jurista sentado en su silla, vestido con su toga judicial. La base de mármol tiene bajorrelieves, en la piedra blanca, uno de los cuales muestra a la joven América siendo conducida por la Victoria a jurar fidelidad en el Altar de la Unión: otro muestra a Minerva dictando la Constitución a la joven América.

Se trata de una bella obra de arte, ejecutada en Roma por el famoso escultor W. W. Story. Nadie ha pronunciado nunca una palabra de crítica adversa sobre esta escultura.

Lo que Blackstone fue para los legisladores de Inglaterra, y lo que Moisés fue para los hijos de Israel, John Marshall lo fue para la fraternidad jurídica de la República de los Estados Unidos. Fue el cuarto presidente del Tribunal Supremo, cronológicamente, pero el primero en capacidad. El ejemplo que dio, las decisiones lógicas que adoptó y las palabras que utilizó para expresar sus decisiones servirán siempre de modelo para las generaciones futuras.

En la época de John Marshall el pueblo se guiaba por la ley: poseía inteligencia y altruismo, y la ley se ejecutaba con la ayuda del pueblo, y con prontitud.

John Marshall nació en Virginia en 1755 y murió en Filadelfia en 1835. Era el mayor de los 15 hijos del coronel Thomas Marshall, distinguido comandante en la batalla del Brandivino. Su ascendencia, por ambas partes, era inglesa. John Marshall era un estudiante inusualmente brillante, dotado de una memoria maravillosamente retentiva: a los 12 años podía recitar todos los escritos de Pope, y estaba familiarizado con Shakespeare, Milton y Dryden. Fue compañero de estudios de Monroe, en Westmoreland. Comenzó a estudiar Derecho a los 18 años.

En 1775 se unió a una compañía militar, y pronto estuvo en el campo de batalla. Participó en la batalla de Dunmore y Great Bridge con su compañía de hombres de Culpeper Minute. En 1776 se convirtió en teniente del Undécimo Regimiento de Virginia, marchó hacia el norte y participó en la batalla de Iron Hill, donde fue ascendido a capitán. Participó en los enfrentamientos de Germantown y Monmouth y sufrió las penalidades de Valley Forge. En los momentos más oscuros se mostraba brillante y alegre, capaz de ver el lado divertido de todo, y se ganó la reputación de humorista. Frecuentemente fue destinado como Juez Defensor y se ganó el afecto de Washington.

Asistió a las clases del William and Mary College y fue admitido para ejercer la abogacía en 1780. Poseedor de una naturaleza cálida y genial, pero con determinación, hizo multitud de amigos, que le duraron toda la vida. En 1783 se casó con Mary Ambler; y en 1788 fue elegido miembro de la convención de Virginia para actuar sobre la constitución redactada por la convención de Filadelfia reunida, y tomó una posición conspicua, al lado de James Madison, Edmund Pendleton y otros defensores, haciendo una defensa magistral de la constitución contra todos sus asaltantes. En tres famosos debates sobre los temas de los impuestos, el Poder Judicial y el poder sobre la milicia, John Marshall mostró una lógica poderosa y una enorme fa-

cultad de razonamiento, que condujeron a la adopción del plan federal de Gobierno.

John Marshall fue reelegido y siguió formando parte de la asam-
blea durante las sesiones de 1789-90-91. Virginia era la sede del par-
tido de los Derechos de los Estados, cuyas opiniones estaban
representadas en el Gabinete Nacional por Thomas Jefferson. La
cuestión era si la Constitución estadounidense debía interpretarse de
forma estricta o liberal: Marshall apoyó el punto de vista federal con
la calma y moderación de tono que siempre le caracterizaron, pero
con todo el vigor que sus amigos esperaban.

En 1792, dicen sus biógrafos, «se retiró del cuerpo, sin dejar
enemigo, y se dedicó al ejercicio de la abogacía hasta 1795».

Pero, de hecho, durante ese tiempo John Marshall fue particularmente activo en la masonería, siendo Diputado Gran Maestro en
1792, y Gran Maestro en 1793 y 1794.

Si se necesita otra lección objetiva para demostrar la sabiduría de se-
leccionar a un Gran Maestro por su valor y utilidad para el Arte, en
lugar de promover vigorosamente por antigüedad, como se está convir-
tiendo en la práctica, la tenemos aquí. John Marshall fue elegido
Diputado de la Gran Logia, y en la siguiente elección fue nombrado
Gran Maestro. Un hombre tan grande nos trajo gran crédito y honor.

Pero durante todo ese tiempo estuvo frecuentemente al lado de
Washington, y fue su apoyo constante. Durante el periodo de su
Gran Maestría defendió la proclamación de neutralidad ocasionada
por la conducta del ministro francés, Sr. Genet; también abogó con
su pluma por la administración de Washington y consiguió que una
reunión de ciudadanos aprobara una serie de resoluciones aprobato-
rias que él mismo había redactado. Cuando se hubo retirado de su
cargo en la Gran Logia, volvió a sentarse en la Cámara de Delegados,
participando en las violentas discusiones sobre el tratado de Jay.

Washington ofreció a John Marshall el cargo de Fiscal General,
que éste rechazó. Posteriormente, Marshall rechazó el cargo de Ministro en Francia: Cuando el Gobierno francés se negó a recibir al

Sr. Pinkney, el Presidente convenció a Marshall para que aceptara el Ministerio, cuando negoció con éxito con el Directorio en relación con la obstrucción lanzada al comercio de los Estados Unidos.

Se podrían llenar páginas con elogiosos relatos de los servicios públicos prestados por el Ex Gran Maestro John Marshall, pero el espacio no lo permite. Posteriormente fue miembro del Congreso, Secretario de Guerra, Secretario de Estado y, en 1799, año de la muerte de Washington, el presidente Adams le ofreció un puesto en el Tribunal Supremo, que rechazó. En el Congreso se convirtió en el principal apoyo de la administración, aunque no aprobaba las leyes de extranjería ni de sedición. En 1801 fue nombrado presidente del Tribunal Supremo, donde su trayectoria fue brillante. Publicó una *Vida de Washington*, en cinco volúmenes; una *Historia de las colonias americanas*, y otros valiosos libros.

Personalmente John Marshall tenía un aspecto poco agraciado, «alto, escuálido y demacrado; sus músculos relajados y sus articulaciones tan poco unidas que destruían la armonía en sus movimientos.» Pero era, socialmente, un gran favorito, y el centro de atracción de la sociedad educada. Era un cristiano sin afectos y liberal en sus opiniones. Era muy ingenioso y aficionado a las bromas.

Al repasar las biografías de grandes hombres encontramos poca o ninguna mención a sus vínculos masónicos: vínculos que, pensamos, tanto han tenido que ver con su capacidad para adaptarse a su entorno; para reconocer los derechos inherentes a sus semejantes y para dar ejemplo de altruismo. Es difícil saber si estos biógrafos han hecho esta omisión intencionadamente o no. Pero de todos los monumentos conmemorativos a grandes hombres, en el Capitolio de la Nación, sólo hay uno que da a entender que el héroe era un hermano y ese fue erigido por la Fraternidad.

"DE VEZ EN CUANDO"

Hay una pequeña isla
llamada «De vez en cuando»,
a la que todos iremos
cuando el trabajo acabe,
la carrera termine
y nuestra lámpara arda baja.

Solo escribimos a casa
«de vez en cuando»,
pues no hay mucho que contar.
Hemos perdido el tono
que tanto significaba
para los viejos, allá lejos.

Vamos a misa,
quizá «de vez en cuando»,
porque es nuestro deber.
Nos gusta el coro,
pero del sermón nos cansamos,
y no siempre llegamos hasta el final.

Llegamos puntuales a la oficina...
bueno, «de vez en cuando»,
¡es tan difícil, ya sabes!
El tren se retrasa
-como siempre pasa-
o el viejo Big Ben va lento.

Cumplimos una cita
ni siquiera «de vez en cuando».
¿Media hora o más? ¿Y qué?
Seguimos como si nada,
como si no pasara nada,
y luego nos sorprende
que estén molestos.

Vamos a la logia,
sí, «de vez en cuando»,
cuando no hay nada más que hacer.
El ritual es el mismo,
así que no nos culpen mucho
si nos marchamos antes de que acabe.

J.T. Wray, V.M.

INICIACIÓN A LA VISTA

Por el Hno. Wildey E. Atchison, Colorado

L a prerrogativa del Gran Maestro de iniciar a la vista es descrita por el Dr. Albert Mackey como el octavo de los veinticinco Landmarks de la masonería. Citando al Dr. Mackey:

Es un término técnico, que puede definirse como la facultad del Gran Maestro para iniciar, conferir el segundo grado y exaltar a candidatos en una Logia de Emergencia, o como se denomina en el Libro de las Constituciones, una Logia Ocasional, convocada expresamente por él y compuesta por aquellos Maestros Masones que él mismo designe exclusivamente para tal fin. Dicha logia deja de existir en cuanto se haya llevado a cabo la iniciación, el pase o la exaltación, y los Hermanos hayan sido disueltos por el Gran Maestro.

En 1731, lord Lovell, siendo Gran Maestro, «formó una Logia Ocasional en Houghton Hall, la casa de Sir Robert Walpole en Norfolk», y allí nombró Maestros Masones al duque de Lorena, posteriormente emperador de Alemania, y al duque de Newcastle.

La iniciación, el pase y la exaltación de Federico, Príncipe de Gales, en 1737, se hizo en una 'Logia Ocasional', presidida por el Dr. Desaguliers, pero esto no puede llamarse propiamente un 'iniciar a la vista', porque el Dr. Desaguliers en ese momento era un Pasado Gran Maestro, y no el Gran Maestro real en ese momento. Lo más probable es que actuara bajo la dispensa del Gran Maestro, que en aquella época era el conde de Darnley.

En 1766, Lord Blaney, que era entonces Gran Maestro, convocó una 'Logia Ocasional', e inició, aprobó y elevó al duque de Gloucester.

De nuevo en 1767, John Salter, el diputado que entonces actuaba como Gran Maestro, convocó una 'Logia Ocasional', y confirió los tres grados al duque de Cumberland.

En 1787, el príncipe de Gales se inició «en una logia ocasional, convocada», dice Preston, «a tal efecto en el Star and Garter, en Pall Mall, presidida en persona por el duque de Cumberland (Gran Maestro)».

Se ha dicho, sin embargo, por aquellos que niegan la existencia de esta prerrogativa, que estas 'Logias Ocasionales' no eran más que Comunicaciones Especiales de la Gran Logia, y las 'creaciones' se supone, por lo tanto, que han tenido lugar bajo la autoridad de ese cuerpo, y no del Gran Maestro. Sin embargo, los hechos no avalan esta postura. A lo largo del Libro de Constituciones, otras Comunicaciones, ya sean Declaradas o Especiales, se registran claramente como Comunicaciones de la Gran Logia; mientras que estas «Logias Ocasionales» parecen haber sido convocadas únicamente por el Gran Maestro con el propósito de hacer masones. Además, en muchos casos, la Logia se celebraba en un lugar diferente al de la Gran Logia, y los oficiales no eran, a excepción del Gran Maestro, los oficiales de la Gran Logia. Así, la «Logia ocasional» que inició al duque de Lorena se celebró en la residencia de sir Robert Walpole, en Norfolk, mientras que la Gran Logia se reunía siempre en Londres. En 1766, la Gran Logia celebró su comunicación en el Crown and Anchor, pero la «Logia Ocasional», que ese mismo año confirió los grados al duque de Gloucester, se reunió en la taberna Horn. Al año siguiente, la logia que inició al duque de Cumberland se reunió en la taberna «Thatched House», mientras que la Gran Logia continuó reuniéndose en el Crown and Anchor.

Pero, sin duda, se puede extraer un argumento concluyente de los poderes de dispensación del Gran Maestro, que nunca ha sido negado. Nadie ha dudado, ni puede dudar, del derecho inherente del Gran Maestro de constituir Logias por Dispensa, y en estas Logias así constituidas, los masones pueden ser legalmente iniciados, pasados y exaltados. Esto se hace todos los días. Un número constitucional de Maestros Masones se dirigen al Gran Maestro, quien les concede una Dispensa, bajo cuya autoridad proceden a abrir y celebrar una Logia, y a hacer Masones. Sin embargo, se admite que esta Logia es una mera criatura del Gran Maestro, ya que está en su poder revocar en cualquier momento la Dispensa que había concedido y, por tanto, disolver la Logia.

Pero si el Gran Maestro tiene el poder de permitir así a otros conferir los grados y hacer masones, por su autoridad individual fuera de su presencia, ¿no se nos permite argumentar que también tiene el derecho de congregar a un número apropiado de Hermanos y hacer que un masón sea hecho a su vista? ¿Puede delegar en otros un poder que él mismo no posee? Y el hecho de convocar una «Logia ocasional» e iniciar, con la asistencia de los Hermanos así reunidos, «a la vista», es decir, en su presencia, ¿es algo más o menos que el ejercicio de su poder de dispensación, por un período temporal y con un propósito especial? Habiendo sido afectado el propósito, y habiéndose hecho el masón, revoca su dispensa y la Logia se despide. Si asumiéramos cualquier otro motivo que éste, nos veríamos obligados a decir que aunque el Gran Maestro pudiera autorizar a otros a hacer masones cuando él estuviera ausente, no podría hacerlo él mismo cuando estuviera presente. La forma de la expresión «iniciar a la vista» está tomada de Lawrence Dermott, el Gran Secretario de la Gran Logia Athol o Cismática; «iniciar en una logia ocasional» es una frase utilizada por Anderson y sus editores posteriores. Dermott, comentando la Decimotercera de las Antiguas Regulaciones, que prescribe que los Compañeros de Oficio y los Maestros Masones no pueden hacerse en una logia privada, excepto por Dispensa del Gran Maestro, dice:

«Esta es una regulación muy antigua, aunque raramente se pone en práctica, ya que los nuevos masones suelen ser iniciados en logias privadas; sin embargo, el Muy Respetable Gran Maestro posee plena potestad y autoridad para hacer, o hacer que se haga en su presencia, masones libres y aceptados a la vista, y dicha iniciación es válida. Pero no pueden ser iniciados fuera de la presencia del Gran Maestro sin una Dispensa escrita otorgada para tal propósito. Tampoco puede el Gran Maestro obligar a ninguna logia regularmente constituida a recibir a la persona así iniciada, si sus miembros se declarasen en contra de él o de ellos; pero, en tal caso, el Muy Respetable Gran Maestro puede concederles una patente y formar con ellos una nueva logia».

Pero el hecho de que Dermott utilice la frase no va en contra de la existencia de la prerrogativa, ni debilita el argumento a su favor. Porque, en primer lugar, no se le cita como autoridad, y en segundo lugar, es muy posible que él no inventara la expresión, sino que la encontrara ya existente como una frase técnica generalmente usada por el Oficio, aunque no se encontrara en el antiguo Libro de las Constituciones. La forma allí utilizada es «Iniciar en una logia ocasional», que tiene el mismo significado.

El modo de ejercer la prerrogativa es el siguiente: «El Gran Maestro convoca a su asistencia a no menos de otros seis Masones, convoca una logia, y sin ninguna prueba previa, sino 'a la Luz' del Candidato, le confiere los grados, después de lo cual disuelve la Logia y despide a los Hermanos».

He descubierto varios casos en los que el Gran Maestro de Pensilvania ha ejercido esta prerrogativa.

El Hermano Joseph Eichbaum, Gran Maestro de ese estado en 1887, inició, pasó y exaltó a un Candidato en una Comunicación Emergente el 23 de abril de ese año, en Filadelfia. Dijo que el iniciado era un joven con el que había mantenido una relación casi diaria y una estrecha relación durante unos catorce años y de cuya moralidad estaba plenamente dispuesto a dar fe. Reclamó que el derecho fuera incuestionable, aunque su ejercicio posiblemente fuera imprudente.

El Hermano Michael, Gran Maestro de Pensilvania en 1893, convocó una Comunicación Especial de la Gran Logia el 3 de mayo de ese año con el propósito de hacer un masón a la vista, y el 13 de junio, cinco semanas más tarde, visitó la Logia n.º 59 con el mismo propósito. Su principal razón para ejercer la prerrogativa era «para que no se diga que ha quedado obsoleta por falta de uso».

En 1894, el Hermano Richard C. McCallister, Gran Maestro de Dakota del Sur, concedió a la Logia Coteau n.º 54 de Webster, una Dispensa para conferir los tres grados al gobernador Sheldon, renunciando al tiempo habitual. El Gran Maestro declara que estuvo presente y presenció la concesión de los tres grados, que se realizó de manera muy satisfactoria. «Aunque soy plenamente consciente de que la masonería no valora al hombre por su riqueza mundana ni por sus honores», declara, «en este caso creo firmemente que el Candidato poseía tanto las cualificaciones internas como las externas, y en consecuencia concedí la Dispensa».

Pero la Comisión de Jurisprudencia no aprobó esta acción e hizo la siguiente referencia a ella en su informe, que fue aprobado por la Gran Logia:

«En referencia a la Dispensa concedida para conferir los grados fuera de tiempo al gobernador Sheldon, el comité es de la opinión de que esta prerrogativa del Gran Maestro sólo debe ser ejercida en caso de la mayor emergencia, y sólo cuando el Candidato demuestre por examen, ser plenamente competente como lo requieren nuestros estatutos y costumbres. Los hechos del caso denunciado no justificaban, a nuestro juicio, el ejercicio de dicha facultad».

Hermano J.L. Spinks, Gran Maestro de Mississippi n 1895, da el siguiente relato de haber sido hecho masón «a la vista»:

«El 1 de junio, en el mar, en Ship Island Harbor, y dentro del estado de Mississippi, en virtud del alto poder que me ha sido conferido como Gran Maestro, en y para el estado de Mississippi, organicé y abrí una Logia de Masones Libres y Aceptados, y con el consentimiento y la asistencia de los Hermanos presentes erectos, conferí los grados de Aprendiz, Compañero de Oficio y Maestro Masón, al Capitán George Maddrell, capitán del British Steamship County of York, dándole en su totalidad las conferencias de cada grado, después de lo cual se disolvió la Logia».

Dice además:

«Que alguien pueda o quiera cuestionar el derecho, o más bien la prerrogativa de un Gran Maestro de hacer esto, no lo supongo ni por un momento. Soy plenamente consciente de que muchos cuestionan la conveniencia, ya que muchos hermanos me han pedido detalles completos y, por el tono de algunas de sus cartas, uno podría deducir que he cometido el «pecado imperdonable».

La Comisión de Derecho y Jurisprudencia Masónica, a la que se remitió el asunto, informó lo siguiente:

Hemos considerado tanto el discurso del Muy Venerable Gran Maestro, como ha sido posible dadas las circunstancias. Es una cuestión que debe considerarse de derecho y de conveniencia. En la primera categoría, encontramos que tan tarde como en 1875 la Gran Logia adoptó el Libro de Texto de la Logia Azul, que contenía los veinticinco Landmarks del Hermano Mackey, uno de los cuales declara expresamente que dicha prerrogativa reside en el Gran Maestro. En la presente edición del Libro de Texto hay una declaración de los «Principios Fundamentales de la Masonería», en la que se declara que el Gran Maestro tiene ciertas prerrogativas entre las que se encuentra la siguiente: «Iniciar a la vista, con el consentimiento y la asistencia de los masones que reúne en Logia».

«Como cuestión de conveniencia, su comisión es unánime en la opinión de que si la prerrogativa existe, no debe ejercerse bajo ninguna circunstancia. Y al expresar esta opinión no deseamos que se nos malinterprete como si criticáramos el acto del Gran Maestro, ya que si tiene la prerrogativa, ciertamente es discrecional para él ejercerla o no. Concedemos este derecho al Gran Maestro, y aunque no aprobamos el acto, no podemos negarle el derecho y si tiene el derecho seguramente es discrecional con él si lo ejercerá o no».

El asunto se volvió a remitir a la misma comisión, con instrucciones de seguir examinando la cuestión e informar en la siguiente comunicación anual, en la que se informó, en parte, de lo siguiente:

No somos insensibles al hecho de que en esta Gran Logia, así como en varias otras, se ha sostenido la doctrina de que el Gran Maestro posee poderes y prerrogativas que no están sujetas al control de la Gran Logia. Reconocemos debidamente la erudición, el celo y el carácter masónico de los numerosos y eminentes masones que han defendido tal postura; pero, a pesar de la gran cantidad de nombres que puedan citarse en contra nuestra, no hallamos en los argumentos presentados una sola referencia a alguna Ley Antigua que conceda, siquiera por implicación, al Gran Maestro el derecho de dejar sin efecto una ley de la Gran Logia. Y sin hacer eso, no puede hacer un masón a la vista... Pero, concediendo, por el bien del argumento, que anteriormente poseía tal prerrogativa, nos enfrentamos al hecho de que cada Gran Maestro, en los tiempos modernos, está obligado al menos tres veces, a apoyar y mantener la Constitución y los Reglamentos de la Gran Logia, y pensamos, por lo tanto, que si no le confieren el poder de anular sus disposiciones relativas a la iniciación de los Candidatos que se debe considerar que ha renunciado a cualquier prerrogativa que pueda haber poseído antiguamente, al asumir la obligación del cargo. No está por encima de la ley, sino, si cabe, más que cualquier otro masón, obligado a apoyarla y mantenerla en toda su integridad. Sin entrar en discusiones para demostrar que el Gran Maestro es un funcionario constitucional, nos parece muy claro que al menos está obligado por la máxima en masonería de que 'aquellas cosas que no están permitidas a un masón están claramente prohibidas'. (Drummond, *Historia de la masonería*, página 552.) No está permitido ahora, ni lo ha estado desde 1717, hacer un masón excepto en una Logia Regular, ni desde 1753, hasta que se haya hecho la debida investigación sobre su carácter, ni sin el consentimiento unánime de los miembros de una Logia, calificación que no es objeto de Dispensa.

Nuestra conclusión, por lo tanto, es que la prerrogativa de iniciar a la vista no existe, y no ha existido desde 1717, o, si lo prefieren los que sostienen que la historia masónica ha sido explorada, desde 1663, y recomendamos la adopción de lo siguiente:

«Se resuelve: Que es el sentir de esta Gran Logia que la prerrogativa de hacer un masón a la vista no existe en virtud de ningún Landmark ni de ninguna Regulación Antigua, y que no está conferida por la Constitución ni por las Leyes de esta Gran Logia».

Al comentar la anterior resolución de nuestros Hermanos de Mississippi, el Hermano Lawrence N. Greenleaf, Ex Gran Maestro de Colorado, y Presidente del Comité de Correspondencia con el Extranjero, dice:

De 1862 a 1875, la Constitución de esta Gran Logia, entre otros poderes del Gran Maestro enumerados en el Artículo IX, contenía lo siguiente: «Es su prerrogativa iniciar a la vista, y para ello puede convocar en su ayuda a los Hermanos que considere necesarios».

En 1875 se adoptó la Constitución revisada y el párrafo anterior dejó de aparecer. En el apartado «Gran Maestro», la sección doce reza como sigue:

«El Muy Venerable Gran Maestro tendrá y gozará de todos los poderes y prerrogativas conferidos por las Antiguas Constituciones y Usos y Landmarks de la Francmasonería».

(En el Libro de Constituciones revisado por la Gran Logia de Colorado en septiembre de 1914, esta sección lleva ahora el número 19). El Hermano Greenleaf dice además:

Aunque la prerrogativa nunca se ha ejercido en este distrito, se ha considerado, no obstante, que existe. El informe de la citada comisión es una valiosa contribución en apoyo de la parte negativa de la cuestión, pero no estamos totalmente convencidos de su corrección.

Si se demuestra que la prerrogativa a la que se hace referencia es un derecho inherente del Gran Maestro, ni la Gran Logia de Mississippi ni ninguna otra Gran Logia pueden desposeerle de ese derecho. El «uso», ya sea durante 120 o 200 años, sin duda debe entrar en gran medida en la determinación de la cuestión».

El Hermano Thomas J. Shryock, Gran Maestro de los Masones de Maryland en 1897, ejerció esta prerrogativa y dice:

«En virtud de la autoridad que me ha sido conferida como vuestro Gran Maestro, he convocado una 'Logia de Emergencia' y he hecho 'a la vista' masón a Su Excelencia Lloyd Lowndes, Gobernador de Maryland. Una idea errónea ha surgido en las mentes de muchos de la Fraternidad en cuanto a la ceremonia de iniciar «a la vista», y para borrar esta impresión errónea, y tal vez perjudicial, considero que es apropiado decir que al hacer un masón «a la vista» por el Gran Maestro, se requiere que el Candidato pase por todas las formas y ceremonias incidentales a la concesión de los tres grados, de la misma manera que un solicitante lo hace al aplicar a una logia subordinada. La impresión de algunos, de que el Gran Maestro, en virtud de su autoridad, toca a un hombre en el hombro y lo inicia como masón, es totalmente errónea, y como sé que esta impresión existe hasta cierto punto, creo que es apropiado declarar aquí, para que el Arte lo entienda en toda nuestra Jurisdicción, que tal no es el caso. Iniciar 'a la vista' es uno de los Landmarks de la Fraternidad, prerrogativa del Gran Maestro, y en dos ocasiones he ejercido esa prerrogativa, tanto con el propósito de no permitir que quede latente como por cualquier otra razón».

William Howard Taft, ex presidente de los Estados Unidos, se inició «a la vista», poco antes de su toma de posesión en 1909. La ceremonia tuvo lugar en la catedral del Rito Escocés de Cincinnati, el 18 de febrero de ese año, de la cual aparece el siguiente relato en la reseña sobre Correspondencia Extranjera en las Actas de la Gran Logia de Colorado de 1910:

Las ceremonias fueron sencillas y breves; toda la reunión, desde su apertura hasta su clausura, duró sólo una hora.

A la hora señalada, el Muy Respetable Gran Maestro de Ohio se puso en pie y anunció que, en virtud del poder y la autoridad que le confiere la Gran Logia de Ohio, declaraba que la presente Convocatoria de Maestros Masones constituía una Logia Ocasional, reunida con el propósito de conferir al señor William Howard Taft los grados de Aprendiz Aceptado, Compañero y Maestro Masón. Acto seguido, declaró abierta dicha Logia, ordenó al Primer Diácono que cumpliera con su deber, y llamó al Gran Capellán de la Gran Logia, el Rvdo. Paul R. Hickok, para que invocara la bendición del Dios Todopoderoso.

El Hermano William B. Melish, Ex Gran Maestro, como Maestro de Ceremonias, escoltó al Sr. William Howard Taft a la sala y lo presentó ante el altar, declarando que era un residente legal de la jurisdicción de la Gran Logia de Ohio, y declaró que lo presentaba a petición suya, siendo su deseo recibir los grados de Aprendiz, Compañero de Oficio y Maestro Masón.

El Gran Maestro, después de formular las preguntas habituales y recibir las respuestas requeridas, obligó al Candidato en la obligación de Aprendiz, y luego lo instruyó completamente en el trabajo no escrito de ese grado.

El mismo procedimiento siguió con los grados de Compañero y Maestro Masón, la declaración final se hizo que los detalles del grado de Maestro se ejemplificarían en forma completa por la noche por Kilwinning Lodge, y que entonces tendría plena oportunidad de aprender esa parte del trabajo más plenamente.

A continuación, se leyó la exhortación correspondiente al grado de Maestro.

El Gran Maestro proclamó entonces que William Howard Taft, habiendo recibido los grados de Aprendiz, Compañero de Oficio y Maestro Masón, lo declaró Maestro Masón en buena y regular posición.

Después de felicitar y dar la bienvenida al galardonado, pronunció un discurso en el que expuso el agradecimiento por el honor conferido, tras lo cual se pronunció la bendición y el Gran Maestro proclamó a continuación que, habiéndose efectuado el propósito para el que se había convocado la 'Logia ocasional', declaró cerrada y disuelta la Logia.

El hermano George Fleming Moore, editor de la *New Age*, en el número de marzo de 1909 de esa revista, dice:

«Antes de ser nominado para la Presidencia, el Secretario Taft expresó su deseo de convertirse en masón y realmente hizo la solicitud 'por su propia voluntad y acuerdo'. Se tomaron las medidas iniciales adecuadas para convertirlo en masón «a la vista» y el Hermano William B. Melish, eminente masón de Ohio y antiguo Gran Maestro de la Gran Logia de ese Estado; Levi C. Goodale, otro antiguo Gran Maestro, y Jacob H. Bromwell, Gran Secretario de la Gran Logia, se unió a una petición dirigida a Charles S. Hoskinson, Gran Maestro de Masones del Estado de Ohio, solicitando que los tres grados conferidos en la Logia Azul fueran otorgados a William Howard Taft, y que se le iniciara «a la vista».

En esta solicitud se exponía al Gran Maestro que el señor Taft se había visto obligado, por razones oficiales, a permanecer ausente de su hogar en Ohio durante un largo período, y que ello había interferido con su iniciación en la Fraternidad.

El siguiente artículo sobre este tema apareció en el número de junio de 1909 de la revista *New Age*:

La prensa pública da la información de que el presidente Taft ha recibido la noticia de su elección como miembro honorario de una Logia instituida en Londres, el 3 de junio de 1909. El duque de Connaught, que es hermano del rey Eduardo VII y Gran Maestro de los masones de Inglaterra, ha concedido la dispensa para llevar a cabo los preparativos.

El presidente asistió recientemente a una reunión de la Logia Temple de Washington, D.C., y vio cómo se confería el tercer grado. Fue presentado por el Gran Maestro Simpson, de la Gran Logia del Distrito, quien había presenciado su iniciación como masón «a la vista» en Cincinnati, y fue recibido y saludado por T. C. Noyes, Venerable Maestro de la Logia, con las siguientes palabras:

Hermano Taft: Junto con los masones de todo el mundo civiliza-do, los 8.000 masones del Distrito se alegraron cuando usted se con-virtió en Maestro Masón. No fue tanto por sus distinguidos logros, ni por su alto cargo oficial, sino porque sabíamos que la masonería había llegado a su fin.

La masonería representa la unión del hombre con el hombre, de los hombres con los hombres, de los pueblos con los pueblos, de las naciones con las naciones, todos en una gran Hermandad de los hombres bajo la Paternidad de Dios. Toda su vida, Señor, tanto pri-vada como pública, había sido masónica antes de que tomara los grados su vida privada era masónica, su vida pública era masónica, su sonrisa era masónica.

Por lo tanto, nos regocijamos de que finalmente hubieras entrado en la Hermandad y te hubieras convertido en Maestro Masón al to-mar los grados, te habías convertido en uno de nosotros de hecho, como lo habías sido en espíritu, durante toda tu vida. Es un gran placer para mí darte la bienvenida a esta Logia, invitarte a un asiento en el Oriente.

El presidente Taft respondió, en parte, de la siguiente manera:

«Venerable Maestro, agradezco de todo corazón su cordial bienve-nida. Soy consciente de que mi introducción en la masonería necesi-taba algún apoyo y lo atribuyo al espíritu de misericordia y caridad que estoy seguro se encuentra en una acogida como la que usted me ha dispensado, para justificar la brevedad de mi iniciación».

DELFOS

Ediciones de Sabiduría Ancestral

(editorialdelfos.com)

Biblioteca de la Tradición Hermética
Biblioteca Textos Fundamentales de la Humanidad
Biblioteca Mario Roso de Luna
Biblioteca Teosófica
Biblioteca de las Vías del Despertar
Biblioteca Templaria

MASONERÍA
Y RELIGIÓN

Por el Hno. Charles C. Smith, Iowa

C reo que, al tratar un tema de este tipo, es necesario definir brevemente lo que entendemos por el término religión. Quizá no haya
entre los hombres una fuerza social tan omnipresente como la
fuerza religiosa. Al igual que la ley de la gravitación, se encuentra
en todos los ámbitos de la experiencia humana. No hay esfera humana en la que no se oigan su voz y su lenguaje. Si viajamos a los oscuros albores del pasado, encontraremos pruebas de su presencia.
Plutarco, el sabio y viajero romano, al regresar de sus viajes, declaró
que había visto ciudades sin murallas, que había visto ciudades sin
bibliotecas, que había visto ciudades sin baños públicos, pero que en
ninguna parte había visto una ciudad sin sus templos de culto. Podría parecer que no es necesaria una definición. Sin embargo, a pesar de su universalidad, a pesar de la voluminosa literatura escrita
sobre ella, no hay realmente ningún tema de importancia humana
sobre el que la gente sea tan irracional, tan fanática y tan ignorante
como este tema de la religión.

El poeta, mirando al futuro, ha mencionado «un lejano acontecimiento divino hacia el que se mueve toda la naturaleza». Pero, ¿qué
es lo que obliga al hombre a ocupar su lugar en la procesión de estos
acontecimientos? Matthew Arnold, un pesimista y casi un escéptico,
después de estudiar todo el campo de la historia humana, se vio
obligado a declarar que «había un poder, fuera de nosotros, que hace
la justicia.» Ahora bien, este poder puede no formar parte de nosotros mismos, pero sólo adquiere importancia humana cuando se expresa en el hombre y a través de él. Ahora bien, no importa

especialmente cómo llames a esa fuerza, o cómo llames a su fuente. Sostengo que, al menos en lo que concierne al hombre, la actividad de esta fuerza dentro del hombre es la religión. La religión debe ser entonces algo participativo provocado por una influencia fundamental. La religión es la búsqueda del Ser Infinito por parte de los seres finitos con el fin de llegar a ser como el Infinito en carácter ético.

Verán enseguida que no limito la religión a las iglesias. Soy un ferviente creyente en las iglesias. Ninguna institución ha desempeñado o desempeña un papel tan importante en la formación de los ideales y en la configuración del destino del hombre como las iglesias. Sin embargo, con todas nuestras diversas denominaciones, y con las diversas organizaciones dentro de nuestras denominaciones, la religión no se circunscribe a nuestras iglesias. La religión es tan amplia como la humanidad. Las iglesias no tienen esquina. Supongo que muchas buenas personas me mirarán con recelo cuando doy a la religión una interpretación tan amplia. Sin embargo, estoy convencido de que la religión debe adoptar esta visión de sí misma antes de poder realizar sus propios ideales. Y cuanto antes lo reconozcan nuestras iglesias, mejor.

Muchos tendemos a confundir la expresión manifiesta de una fuerza con la fuerza misma. Cuando hablamos de truenos sólo pensamos en un ruido fuerte. Hablamos de relámpagos y sólo vemos una raya de luz en zigzag o tal vez un granero ardiendo. Del mismo modo, cuando hablamos de religión, muchos pensamos sólo en las iglesias, como si ambos términos fueran sinónimos. Y esto se aplica también a los masones y a la masonería. Con demasiada frecuencia confundimos la logia organizada con el espíritu y la enseñanza de la masonería. Hay muchos masones que han sido hechos tales «en una logia de masones justa y legalmente constituida», pero que nunca han sido «debida y verdaderamente preparados» en sus corazones. No distinguen entre la Logia organizada y el objetivo y el ideal de la Masonería; entre el «delantal de cuero blanco» y aquello de lo que es emblema.

Se ha dicho que la masonería no es una religión. Esto es sin duda correcto, especialmente en la comprensión popular de la religión.

No tiene un credo en el que haya que creer. No ofrece dogmas sobre Dios, el hombre o el universo que deban aceptarse. De hecho, cuando la masonería está «debidamente a cubierto», ningún credo religioso ni dogma puede obtener admisión. Sin embargo, la masonería tiene algunas marcas religiosas. ¿En quién pone su confianza sino en Dios? ¿Acaso las virtudes que fomenta y exige a sus miembros no son las mismas que destaca la religión? ¿Acaso la francmasonería no nació del sentimiento del deber? Es injusto, si no criminal, acusarla de motivos sórdidos y egoístas cuando habla de la fraternidad del hombre y lucha por ella. Nada más que el sentimiento del Deber es responsable de su existencia. Puede haber masones individuales, e incluso logias enteras, cuyos motivos sean sórdidos, pero si es así están positivamente fuera de armonía con la francmasonería como tal.

Si nuestra anterior definición de religión es cierta, ¿no es el desarrollo de la virtud, en el que insiste la masonería, una obra religiosa tanto o más que la creencia en ciertos credos? Parece, por lo tanto, después de haber aclarado nuestras mentes de los conceptos erróneos tanto de la religión y la masonería, que mientras que la masonería no es una religión que está conectado vitalmente, en los fundamentos, con la religión. Es una rama del árbol de la religión. Hay muchas otras ramas, por supuesto. La masonería, como las iglesias, vive, se mueve y tiene su ser en el amplio principio de la religión. La masonería sin religión es como una rama cortada de la vid. La logia particular que no está impregnada del espíritu religioso no es fiel a la masonería como tal. El masón individual cuyo ideal de hombría no posee una mente y un corazón semejantes a la mente y el corazón del carpintero descalzo de Galilea, no ha incorporado a su vida el objetivo fundamental y el espíritu de la francmasonería.

La masonería no sólo es religiosa en su fundación. También parece religiosa en sus ideales. Esto queda claro al comparar sus ideales con los de nuestras iglesias. Buscamos los diseños en el tablero de caballetes tanto de la masonería como de las iglesias y, quizá para nuestra sorpresa, encontramos planos y especificaciones sobre el mismo edificio. Cada uno se esfuerza claramente por construir una estructura de hermandad. Puede que los planes no se ejecuten con los mismos métodos, pero el producto final es el mismo. Están trabajando en diferentes lados del edificio, tal vez. Pero incluso los métodos son cada vez más parecidos a medida que nos entendemos mejor. La Iglesia ya comienza a insistir en que sus miembros ajusten sus vidas a la Escuadra de la Virtud, que «caminen rectamente en sus respectivos destinos ante Dios y los hombres», y que se encuentren con toda la humanidad sobre el plano común de la fraternidad. Del mismo modo, la masonería está a punto de ver que antes de poder alcanzar sus propios ideales más elevados debe tener el entusiasmo del celo religioso, y la fuerza motriz de la convicción del deber religioso.

Ahora bien, si alguna vez la masonería piensa que las iglesias han fracasado a menudo, yo llamaría su atención sobre el material con el que las iglesias se ven obligadas a construir. Deben tratar con «el viejo en su vejez», con el «joven en su no vejez», con el libertino, el intemperante y todas las clases vulgares que la masonería se niega a admitir en su redil. No es que la masonería desee que estos perezcan, sino que no tiene lugar para ellos. En esto se encuentra la respuesta a esa vieja pregunta: ¿Es la logia lo suficientemente buena sin la iglesia? Rotundamente no. Aquel masón que no simpatiza de corazón con la iglesia, incluso con todos sus defectos, y que no le presta su apoyo, tanto espiritual como material, no es tan buen masón como debería ser.

Por otro lado, si nuestras iglesias piensan que la masonería es exclusiva y secular, yo llamaría su atención sobre el hecho de que para ella ser de otra manera sería debilitar su fuerza social y bajar sus altos estándares. La avanzadilla no debe verse frenada por demasiado peso muerto. Se necesita una fuerza social tan exclusiva como la masonería. Esa fuerza será tanto más fuerte cuanto más la apoye la Iglesia. Oponerse a ella es como si la mano se opusiera al pie, pues sólo somos miembros del mismo cuerpo. Por lo tanto, la masonería y la religión no deben sospechar la una de la otra. La sociedad necesita a ambos, y en esta necesidad están estrechamente relacionados. Deben seguir trabajando, en armonía y paz, codo con codo. Deberían marchar brazo con brazo por el declive de la vida, siempre ascendiendo hasta llegar a ese templo de arriba, no hecho con las manos, eterno en los cielos, en cuya cámara interior cada uno puede entrar donde cada uno recibirá, del Arquitecto Supremo del Universo, el salario de un Maestro.

EL APRETÓN DE MANO DE UN VETERANO

Hay un calor en el apretón de mano de un veterano
que el mundo jamás podrá sentir;
y una hondura en el tono de su voz
que las palabras no logran transmitir.
Hay un destello amistoso en la mirada
y un aliento en su grata sonrisa,
que animan el alma y hacen pensar
que aún vale la pena esta vida.
Los años le han enseñado a fondo
lo que el alma del hombre anhela,
y con la Escuadra del veterano
mide los deseos del corazón con cautela.
Es querido por sus hermanos masones,
pues su corazón es leal y sincero,
y alcanza las almas de los demás
como nadie más puede hacerlo.
¡Por eso brindamos por todos los veteranos,
y anhelamos que muchos años les den
antes que caigan las sombras de la vida
y aparezca la luz del edén!
Siempre hay una chispa en su pecho fiel
que mantiene encendida la llama del amor,
y un calor en el apretón de su mano
que el mundo jamás conocerá, ni por error.

Nelson Williams, P. G. M., Ohio

LA ESCUADRA
Y LA CRUZ

Por el Hno. A.S. Macbride, Escocia

(Uno de los libros masónicos recientes más deliciosos es el titulado *La masonería especulativa: su misión, evolución y landkmarks*, del Hermano A.S. Macbride; una serie de conferencias pronunciadas en la Logia de Instrucción en conexión con la Logia del Progreso, Glasgow, Escocia. Las conferencias siguen las conclusiones bien establecidas de la erudición masónica, como se revela en el trabajo de Gould, Speth, Crawley y Pike, pero dan los resultados de ese aprendizaje en forma popular y sugestiva, con muchos estudios exquisitos en simbolismo. Uno de los capítulos más interesantes del libro es el dedicado a «La ley de la escuadra», que el autor aborda bajo cinco epígrafes: la ley del cuadrado en la naturaleza, en la construcción material, en la construcción moral, en relación con el círculo y, por último, en relación con la cruz. Damos aquí un extracto del estudio de la Escuadra y la Cruz, habiendo ya reseñado el libro en nuestra columna de la Biblioteca).

Los MASONES, generalmente, no asocian la escuadra con la cruz; sin embargo, esencialmente son lo mismo. La cruz se compone de ángulos rectos, o escuadras. Se encuentra en las rocas cinceladas en la prehistoria y en las tumbas talladas en toscas cerámicas enterradas con cuerpos cuyos propios huesos en el transcurso de miles de años se han desmenuzado hasta convertirse en polvo, y sobre las que yacen las ruinas de épocas y de pueblos de los que la historia no tiene la menor huella. Así pues, no se encuentra en un lugar aislado, sino en regiones muy dispersas. Es el más universal de todos los símbolos. En los templos hindúes, en las pirámides egipcias, en los altares en ruinas de América y en las iglesias de la cristiandad, tanto antiguas como modernas, ocupa un lugar destacado.

La cruz -con un círculo a su alrededor- está asociada a las primeras reliquias conocidas de la humanidad, a los grabados y registros más antiguos de la India y a monedas y medallas pertenecientes a una época precristiana en Francia y otros lugares.

En todos los tipos, la cruz está formada por ángulos rectos, y el círculo está implícito donde no se muestra. En las formas latina y griega, en general, el círculo ha desaparecido, pero todavía se encuentra a veces, sobre todo en las pinturas, donde se muestra como un halo de luz detrás de la cruz. Como el artesano, al hacer la cruz, primero tiene que formar el círculo y a partir de su centro elaborar los miembros, siempre hay que suponer que el círculo está presente, incluso donde no aparece. La forma más antigua siempre tiene el círculo. En la forma egipcia, el círculo se coloca en la parte superior y la extremidad vertical se alarga, evidentemente para formar un asa. Para los egipcios, este círculo simbolizaba el poder generativo o productivo de la naturaleza. Es la sección transversal del huevo, que también se utilizaba a veces en su forma vertical, en forma de lazo u óvalo. Encontramos a los hindúes representando la misma idea, también mediante un lazo, pero en todos los casos el círculo, o lazo, está asociado a la cruz. La base de la arquitectura gótica es la cruz, el triángulo y el lazo, todos ellos interrelacionados. La cruz y el triángulo forman la base de la planta, y el lazo forma el plano de las ventanas, las puertas y, a veces, el tejado.

Dejando a un lado los detalles que no son útiles para nuestro propósito actual, centrémonos en las ideas generales relacionadas con este símbolo. Los antiguos de Asia, África y Europa consideraban el círculo como el símbolo del Divino que se circunscribe para manifestarse a nosotros. Las limitaciones de la naturaleza humana exigen esta restricción, pues, de lo contrario, no podríamos tener conocimiento de Él.

Sin el círculo limitador, contemplamos un espacio ilimitado, incomprensible y vacío de toda idea para nuestra mente. Debemos tener forma antes de tener ideas. La página en blanco de un libro no transmite nada. Dibuja en él una flor, o un animal, y una idea se presenta a la mente. Así, el Divino se circunscribió en Su Creación y por nosotros se vistió con un ropaje de materia, para manifestarse a nosotros. El universo material es en todas partes una circunscripción del Infinito y la cruz simboliza las manifestaciones Divinas de Poder, Luz, Vida y Amor.

La primera manifestación divina simbolizada por la cruz es la del Poder. Las dos líneas de la cruz, que se cruzan en ángulo recto en el centro y se extienden hasta los límites máximos del círculo, representan las dos grandes fuerzas centrales que dominan toda la materia y que ya hemos considerado en la ley del cuadrado en la naturaleza.

Si trabajamos con estas fuerzas, el Poder Divino que hay en ellas se manifestará trabajando con nosotros. Si trabajamos contra ellos, se manifestará destruyendo nuestro trabajo. Trabajan en la escuadra ... y por lo tanto debemos trabajar en la escuadra si queremos tener el Poder Divino con nosotros.

La segunda manifestación Divina simbolizada por la cruz es la de la Luz. La oscuridad es infinita y no expresa nada. La luz se circunscribe para poder manifestarse. Sale de las tinieblas y se pierde en ellas. La energía del sol llega a nuestra tierra a través del éter ilimitado: frío, silencioso y en tinieblas. Si viniera en forma de Luz directa, todo el cielo ardería y no veríamos nada más. No se convierte en luz hasta que entra en nuestra atmósfera. Del mismo modo, la electricidad no se ve en el alambre hasta que se encuentra con el carbono que la resiste. El gas de hulla, la vela común y la lámpara están envueltos en la oscuridad hasta que manifiestan su luz en condiciones casi esencialmente similares, aunque aparentemente diferentes. En todas estas condiciones variadas, sin embargo, la luz se manifiesta en la escuadra. La energía del sol incide en nuestra atmósfera en ángulo recto y estalla en luz. Una cuerda, tendida con un extremo sujeto y el otro agitado con la mano, parece tener ondas que corren de un extremo a otro. En realidad, se mueve hacia arriba y hacia abajo, en ángulo recto con la línea de progreso. La ciencia nos dice que es así como se mueve la luz. Trabaja sobre la escuadra, y el círculo con la escuadra, o cruz, es un símbolo adecuado de la manifestación de la luz material.

Pero este símbolo es especialmente representativo de la luz moral. Eso sólo puede ser luz moralmente que es verdadera y a escuadra. Las creencias y doctrinas que no concuerdan con el ángulo recto de nuestras convicciones de conciencia, nunca pueden dar luz.

La tercera manifestación divina simbolizada por la cruz es la de la Vida. En toda la naturaleza existen dos grandes principios elementales, llamados de diversas maneras: el activo y el pasivo, el positivo y el negativo, el masculino y el femenino. Las distintas unidades de átomos, moléculas, vegetales y animales poseen uno de estos principios, o ambos. En el reino inanimado, los términos «polaridad» y «afinidad» se emplean para indicar la acción de estos principios y la relación de unos con otros. En el reino animal, la palabra «sexo» se utiliza con el mismo fin. En ambos reinos encontramos por doquier estos dos principios elementales en acción. La formación de un cristal y de un cristaloide, la construcción de un árbol y de un hombre, todo parece proceder a lo largo de las líneas de dos fuerzas principales que trabajan en ángulos rectos, es decir, trabajando en la escuadra. Los átomos, que forman la base de la creación material, tienen sus polos positivo y negativo. Según los últimos descubrimientos científicos, son producto de la electricidad y de algo llamado prótido, siendo uno activo y el otro pasivo.

Pero es por las verdades espirituales que este símbolo revela y, sin embargo, oculta, por lo que es de la mayor importancia para nosotros. En los frescos de las pirámides lo vemos en manos del dios, como símbolo de la regeneración. El muerto aparece tendido en el suelo en forma de momia, y el dios se acerca para tocar sus labios con ella y revivificar su cuerpo. Mucho antes de que surgiera la civilización egipcia, se tallaba en la cerámica y se enterraba con los cuerpos humanos, junto con alimentos y armas, lo que demostraba, incluso en esa época temprana, la fe en la resurrección y en una vida más allá de la tumba.

Es un hecho un tanto triste y peculiar que este símbolo sagrado se haya asociado con lo que nos parece un culto vil y muy degradante. Aunque el culto fálico pudo haber sido originalmente el reconocimiento de un propósito Divino que corría a través de todos los arreglos para la propagación de la vida, y de la lección simbólica en ello de una regeneración espiritual, sin embargo el amplio hecho permanece que la multitud vio en ello el reflejo de sus propias pasiones animales. Llevó a la ruina a los imperios griego y romano. Si la gloria del arte, la abundancia de riquezas, la grandeza de la filosofía o la cultura del intelecto hubieran poseído algún poder de salvación, estos pueblos habrían sobrevivido. Pero la salvación no es posible ni para el individuo ni para la comunidad impura. Si adoras al bruto, bruto serás. Si quieres ser divino, adora a la Divinidad.

La cuarta manifestación Divina simbolizada por la cruz es la del Amor. De las asociaciones degradantes del culto fálico, este símbolo tuvo que ser purgado y purificado con sangre y dolor. Durante muchos años fue un instrumento de tiranía para infligir sufrimientos crueles e intensos. No cabe duda de que en ella sufrieron miles de personas cuyo único defecto fue ser demasiado buenos para ser comprendidos. El alma divina en todas partes es al principio incomprendida. Su lenguaje es celestial y sus oyentes terrenales no pueden interpretarlo. De ahí la corona de espinas de la burla. A los buenos no se les permite seguir su camino tranquilo. Son arrastrados a la luz de la fama y sus penas y castigos se convierten en su gloria. Lo más probable es que la mejor obra del amor sea rechazada y despreciada. El sufrimiento es el proceso de perfeccionamiento del sillar perfecto. La insensibilidad es el signo de la degradación. La capacidad de sufrimiento es la marca y la insignia del rango en la escala de la evolución. Cuanto más alto es el amor, más profundo es el dolor. A través de la tribulación nacen las formas superiores de vida.

EL SECRETO DEL PODER DE
WASHINGTON

Por el Hno. Gilbert Patten Brown, Mass.

WASHINGTON es un hombre para la necesidad actual de la nación y de sus ciudadanos individuales. Y esta es la razón: Vio a través de las cosas superficiales de su tiempo la verdad profunda de todos los tiempos. Su carácter y su obra estaban controlados y moldeados por esa verdad, y trató de convertirla en la fuerza dominante de la recién nacida nación. El reconocimiento de la sabiduría y el poder de Dios, la confianza en Su providencia, la obediencia a Su ley, formaron los cimientos sobre los que Washington comenzó a construir esta república.

El «Padre de la Patria» sabía que los grandes logros de su vida no eran suyos. «Si los talentos que poseo han sido llamados a la acción por grandes acontecimientos, y esos acontecimientos han concluido felizmente para nuestro país -dijo-, la gloria debe atribuirse a la manifiesta intervención de una Providencia suprema que todo lo gobierna. Yo no era más que el humilde agente del favorecedor cielo, cuya benigna influencia se manifestó tan a menudo en nuestro favor, y a quien sólo se debe la alabanza de la victoria».

Tenía más religión que credo. Era un poderoso hombre de oración. Una de las reliquias más interesantes de Washington es un Libro de Oraciones escrito a mano, como un hombre se sentaría a escribir cartas íntimas a un amigo querido. Todas esas oraciones comienzan con una dirección reveladora al Todopoderoso y tienen finales característicos: «Que Tu favor se extienda a todos mis parientes, amigos y todos los demás a quienes debo recordar en mis oraciones». Paine escribió y habló. Washington rezó y luchó. El nombre de Jesús aparece a menudo en estas oraciones, que evidentemente estaban destinadas al uso diario, mañana y tarde, y eran llamadas por Washington su «sacrificio diario». Algunos extractos revelan su espíritu:

Domingo por la mañana: «Te doy humildes y cordiales gracias porque me has preservado de la noche pasada y me has traído a la luz de este día y a sus comodidades, un día que está consagrado a Tu propio servicio y honor».

Lunes: «Dirígeme más y más en Tu verdad, y defiéndeme de mis enemigos, especialmente de los espirituales. Compadécete de los enfermos, de los pobres, de los débiles, de los necesitados, de las viudas y huérfanos, y de todos los que lloran o están quebrantados de espíritu».

Martes: «Te suplico que me ayudes a ofrecerte las gracias y alabanzas que mereces por el alimento, el vestido, la salud, la paz, la libertad y una vida mejor mediante el mérito de la amarga pasión de Tu amado Hijo, prospera todos mis empeños justos, que reciba mi guía de Tu Santo Espíritu, y el éxito de Tu mano generosa».

Miércoles: «Que mi lecho me haga pensar en mi tumba, y mi salida de ella en mi última resurrección».

La oración de Washington está bien establecida por la evidencia de sus documentos personales y oficiales. Con frecuencia, en sus discursos públicos y cartas privadas, encontramos jaculatorias. A menudo asistía a las reuniones de culto divino dirigidas por el capellán Evans y otros en medio de las colinas de Valley Forge, y a esas reuniones fraternales en el Templo de la Virtud.

Lord Brougham dijo que Washington era «el hombre más grande de nuestra época o de cualquier época». Gladstone le situó en «el grupo más elevado de estadistas»; Everett declaró que su genio era «el genio del patriotismo»; Webster le admiraba por una «simetría en la que mente y corazón, conciencia y voluntad eran iguales»; Choate habló de su «moderación e inmensa reserva»; Curtis afirma finamente que «Hamilton era la cabeza, Jefferson el corazón, John Jay la conciencia, pero puede decirse con verdad que cada una de estas cualidades separadas tenía una expresión aún más señalada cuando estaban todas unidas en el carácter único de Washington».

Los ciudadanos de esta generación deben hacer lo que hizo Washington: elevarse con el poder de la oración y aferrarse al poder omnímodo de Dios. El gobierno de esta nación, la dirección de los negocios públicos y privados, el moldeamiento y la exaltación del carácter nacional, la preservación de nuestras instituciones, tan caras y profundamente apreciadas, son cosas que no podemos delegar en otros. Pertenecen de manera muy distinta a cada uno de nosotros.

LA CREENCIA DE WASHINGTON EN LA DIVINA PROVIDENCIA

La contemplación de la completa consecución, en un período más temprano de lo que cabía esperar, del objetivo por el que luchamos contra un poder tan formidable, no puede sino inspirarnos asombro y gratitud. Las desventajosas circunstancias por nuestra parte, bajo las cuales se emprendió la guerra, nunca podrán ser olvidadas. Las singulares interposiciones de la Providencia en nuestra débil condición, fueron tales que difícilmente podrían escapar a la atención del más inobservador, mientras que la perseverancia sin igual de los ejércitos de los Estados Unidos, a través de casi todos los sufrimientos y desalientos posibles, por el espacio de ocho largos años, fue poco menos que un milagro.

EL CUADRAGÉSIMO SÉPTIMO
PROBLEMA DE EUCLID

Por el Hno. C. C. Hunt, Grinnell, Iowa

El Maestro Masón reconocerá fácilmente esta proposición como uno de los emblemas del Tercer Grado. También recordará la explicación monitorial que allí se da, y posiblemente sienta que es una explicación que no explica. Puede que no cuestione la historia legendaria que se le ha dado, pero no entiende por qué debería haber sido seleccionado como emblema masónico, ni cómo enseña a los masones a ser amantes de las artes y las ciencias. De hecho hay muchos masones que no son matemáticos y ni siquiera saben lo que es la proposición, y sobre este punto el monitor guarda silencio.

El objeto de este artículo es considerar brevemente la historia de la proposición y ofrecer algunas sugerencias sobre su significado masónico. Al hacerlo, podemos llegar a la conclusión de que algunas de las afirmaciones monitoriales no son históricamente ciertas, o al menos no han sido probadas. Descubriremos, sin embargo, que el valor de su simbolismo no depende de la verdad de las afirmaciones históricas dadas en los monitores, sino que es inherente a la propia proposición.

Esto será difícil de entender para muchos masones. Por asociación de ideas, estamos acostumbrados a pensar que las tradiciones que se agrupan en torno a una verdad central, son partes esenciales de esa verdad, y cuando la investigación crítica ataca la verdad de la tradición, sentimos que es un ataque a la verdad misma. Es este rasgo de la naturaleza humana la causa subyacente de todas las persecuciones religiosas, y no estamos en absoluto libres de ella como masones, aunque sea contraria a los principios fundamentales de la masonería.

Como miembros de la Sociedad Masónica de Investigación, es nuestro deber buscar la verdad, por mucho que entre en conflicto con nuestras nociones preconcebidas o con las tradiciones. Si buscamos correctamente, encontraremos que estas tradiciones no son más que las vestiduras exteriores con las que el tiempo ha revestido la verdad, y que no son su esencia esencial.

En nuestra relación con los demás encontramos un alma gemela a la que aprendemos a amar y honrar. Se nos dice que es descendiente de un gran y honrado nombre de la historia, y decimos que el espíritu de sus antepasados ha caído sobre él. Entonces aparece algún crítico y demuestra que no hay pruebas de su ilustre ascendencia, o tal vez la refuta por completo. ¿Y qué? ¿No es el mismo amigo que conocíamos antes? ¿Ha perdido su alma algo de su grandeza? ¿No puede haber descendido sobre él el espíritu de un alma grande, aunque su sangre física no corra literalmente por sus venas? Se nos dice que el espíritu del profeta Elías descendió sobre Eliseo y siglos más tarde apareció en Juan el Bautista. Sin embargo, no había ninguna relación de sangre entre ellos.

Lo mismo ocurre con la propuesta que ahora estudiamos. Su tradición y su historia son interesantes, pero su verdad y la riqueza de su simbolismo no se ven afectadas por ello.

En los *Elementos de Geometría* de Euclides hay trece libros, y el tema que estamos considerando es la proposición cuadragésimo séptima del primer libro. No es un problema, sino un teorema, y así lo denomina Euclides. Un problema de geometría es algo que hay que hacer, como una figura que hay que dibujar, mientras que un teorema es algo que hay que demostrar. Esta proposición consiste en demostrar, tal como lo afirma Euclides, que «en todo triángulo rectángulo, el cuadrado que se describe en el lado que subtiende (opuesto) al ángulo recto es igual al cuadrado que se describe en los lados que contienen al ángulo recto». Los lados que contienen al ángulo recto se llaman respectivamente base y perpendicular, mientras que el lado opuesto al ángulo recto se llama hipotenusa.

Nuestros monitores afirman que «este fue el invento de nuestro antiguo amigo y hermano el gran Pitágoras». Esta afirmación ha sido desmentida por muchos estudiosos del tema. Se ha afirmado que esta proposición era conocida por los egipcios mucho antes de la época de Pitágoras, y que éste la aprendió de ellos y la llevó a Europa y Asia. No tenemos pruebas ni a favor ni en contra de esta afirmación. Pitágoras no escribió nada y sólo conocemos sus enseñanzas a través de los escritos de sus discípulos. Vitruvio, célebre arquitecto romano de la época de Augusto César, atribuye el descubrimiento de esta proposición a Pitágoras. Plutarco cita a Apolodoro, un pintor griego del siglo V a. C., como autoridad para la afirmación de que Pitágoras sacrificó un buey al descubrir esta demostración. Proclo atribuye a Pitágoras la primera demostración, pero afirma que su prueba era distinta de la que presenta Euclides. De hecho, tantos escritores, tanto antiguos como modernos, han atribuido esta proposición a Pitágoras que es comúnmente llamada por su nombre, «El Teorema de Pitágoras».

Por otra parte, las propiedades del triángulo cuyos lados son, respectivamente, 3, 4 y 5, eran ciertamente conocidas por los egipcios y se convirtieron en la base de todos sus patrones de medida. Prueba de ello son sus importantes edificios, muchos de ellos erigidos antes de la época de Pitágoras. También encontramos que este triángulo era para ellos el símbolo de la naturaleza universal. La base 4, representaba a Osiris, el principio masculino; la perpendicular 3, a Isis, el principio femenino; y Horus, su hijo, el producto de los dos principios, estaba representado por la hipotenusa 5.

¿No podríamos encontrar una explicación a esta aparente discrepancia en la afirmación de Plutarco de que Pitágoras descubrió la demostración de la proposición general, pero que el caso particular en el que las longitudes de los lados son 3, 4 y 5, ya era conocido por los egipcios? Plutarco también cree que el caso en el que la base y la perpendicular son iguales (como en los lados de un cuadrado) también era conocido por los egipcios. Se denomina forma clásica en masonería y es la forma que suele encontrarse en la alfombra del Maestro. Ambas formas son ricas en simbolismo, y si eran conocidas por los egipcios, como probablemente lo eran, conducirían naturalmente a la creencia de que la demostración general también era conocida. Sin embargo, puede que sea cierto, como afirman tantos escritores, que a Pitágoras le debemos la demostración de la proposición general, que demostró que el teorema es cierto para todos los casos posibles. Este filósofo se complacía en descubrir un principio universal subyacente a un hecho concreto, y debió de atribuir a la verdad general un significado más profundo que los egipcios a los casos especiales que conocían. Para él, la ciencia de los números era la esencia de toda verdad y, tras descubrir una prueba de la proposición general, se propuso encontrar triángulos rectángulos cuyos lados pudieran expresarse en números. Herón de Alejandría y Proclo son autoridad para la afirmación de que Pitágoras descubrió el siguiente método: Tome cualquier número impar para el lado más corto; reste uno del cuadrado de ese número y divida el resultado por dos; esto dará el lado medio; añada uno al lado medio y el resultado será la hipotenusa o lado más largo. Esto es cierto hasta donde llega, pero no da todos los triángulos rectángulos que se pueden expresar en números.

El simbolismo numérico de Pitágoras es un estudio interesante en sí mismo y está estrechamente relacionado con gran parte de nuestro simbolismo masónico, pero eso está fuera del ámbito del presente documento. Simplemente se menciona aquí, porque, aunque probablemente no es cierto que fuera elevado al sublime grado de Maestro Masón como se afirma en nuestros monitores, sin embargo hay tanta semejanza entre sus enseñanzas y las de la masonería, que podemos comprender cómo pudo producirse el error.

El monitor también afirma que Pitágoras celebró su triunfo en el descubrimiento de esta proposición mediante el sacrificio de una hecatombe (cien bueyes). Podemos ver cómo esto puede haber sido una consecuencia de la declaración atribuida a Apolodoro anteriormente. Ovidio lo niega y Hegel se ríe de ello, diciendo: «Fue una fiesta de cognición espiritual, a costa de los bueyes». Sin embargo, el argumento más fuerte en su contra es el hecho de que Pitágoras enseñaba la doctrina de la transmigración de las almas y prohibía el sacrificio de animales. Sin embargo, si tenemos en cuenta que entre muchos de los antiguos el sacrificio de varios bueyes era su método de expresar su gratitud por un gran triunfo, podemos entender cómo surgió la tradición, y aceptar el hecho de la alegría sin preocuparnos por la verdad del sacrificio.

¿Por qué habría de considerarse un gran triunfo el descubrimiento de esta demostración? Porque es de suma importancia para la ciencia de la geometría.

Dionisio Lardner, en su edición de Euclides, citada por Mackey, dice: «Ya sea que consideremos el problema 47 con referencia a la peculiar y hermosa relación establecida en él; o a sus innumerables usos en todos los departamentos de la ciencia matemática, o a su fertilidad en las consecuencias derivables de él, ciertamente debe ser estimado como el más célebre e importante en el conjunto de los elementos, si no en toda la gama de la ciencia matemática. Es por la influencia de esta proposición y la que establece la similitud de los triángulos equiangulares (en el libro sexto) que la geometría ha sido puesta bajo el dominio del álgebra; y es sobre el mismo principio que se funda toda la ciencia de la trigonometría». La *Enciclopedia Británica* lo llama «uno de los más importantes de toda la geometría, y que ha sido celebrado desde los tiempos más remotos»; y añade: «De este teorema dependen casi todas las medidas geométricas, que no pueden obtenerse directamente».

¿Cuál es su importancia en la masonería? Nuestros monitores nos dicen que enseña a los masones a ser amantes de las artes y las ciencias. Puesto que es una proposición tan importante en la ciencia de las matemáticas, podemos entender por qué debe ser adoptada como símbolo de la investigación científica, y a tal investigación están comprometidos todos los masones en su búsqueda de la verdad, el gran objeto del estudio masónico. Pero, ¿no tiene un significado más profundo? El Dr. Lardner dice que es la base de la aplicación del álgebra a la geometría. El álgebra es la aplicación de símbolos a las matemáticas, y la masonería es la aplicación del simbolismo a la construcción del carácter. La *Britannica* dice que las medidas matemáticas que no se pueden obtener directamente dependen de esta proposición. Sí, y aplicadas a la masonería, las verdades más elevadas de la moral no pueden obtenerse directamente. Deben llegarnos indirectamente a través, principalmente, del simbolismo.

No hay relación aparente entre los números 3, 4 y 5 y 5, 12 y 13, por ejemplo; pero cuando elevamos estos números de la primera a la segunda potencia (es decir, los elevamos al cuadrado), obtenemos 9, 16 y 25 en el primer caso, y 25, 144 y 169, en el segundo. En esta forma observamos en cada caso que la suma de los dos primeros cuadrados es igual al tercero, y que los números en los que al principio no veíamos ninguna relación son los lados de triángulos rectángulos. Así es en la vida. Medidos en el nivel de nuestras naturalezas inferiores, no hay relación entre nuestros propios deseos y las necesidades de nuestro hermano. Estamos conectados, es cierto, como lo están los lados de un triángulo, pero no hay razón para que no le utilicemos para la consecución de nuestros propios fines egoístas, independientemente de su bienestar. Sólo cuando cuadramos nuestras vidas con la escuadra de la virtud, y nuestros deseos egoístas se elevan a propósitos espirituales, percibimos que nuestro propio bienestar está íntimamente conectado con el de nuestro hermano. Sus desgracias son nuestras desgracias, y no podemos herirle y no ser dañados por ello, como no podemos cortarnos la mano derecha y no ser peores por ello.

Viajamos por el plano del tiempo hacia nuestro destino eterno. No podemos quedarnos quietos, sino que debemos avanzar constantemente. ¿Vamos también hacia arriba? Todo el tiempo hay una fuerza espiritual que se esfuerza por elevarnos a niveles superiores. Podemos negarnos a aprovecharla y permanecer en las profundidades de nuestra naturaleza inferior; o podemos aceptarla y permitir que su influencia divina brille en nuestras vidas. La base representa nuestra naturaleza terrenal en el plano del tiempo; la perpendicular es el espíritu divino que lucha por manifestarse a través de nosotros. Cuando estas fuerzas se cuadran entre sí, su unión se convierte en un constante movimiento hacia adelante y hacia arriba, hacia el trono de Dios mismo. El propio Pitágoras reconoció este simbolismo cuando dijo que al principio de su vida llegó al lugar donde se separaban dos caminos. Uno era de viaje fácil y placentero; el otro era accidentado y tendía hacia arriba. Fue necesario escalar duramente. ¿Cuál era el camino que conducía a la vida? Todo el que viaja allí y encuentra estos dos caminos, sabe que debe elegir el camino ascendente, pero el otro parece mucho más agradable, y muchos se inclinan a caminar por él. Lo probarán un poco y luego volverán al camino mejor. Pero no hay vuelta atrás en el nivel del tiempo. Cuanto más se alejan en el nivel inferior, más separadas se vuelven las dos vías y más difícil resulta cruzar de una a otra.

Cuántas veces hemos oído decir a los masones que no hay ninguna lección moral que extraer de la proposición 47 de Euclides, y que no debe describirse como el símbolo de ninguna verdad moral. ¿Han olvidado que no hay observancia o símbolo de la masonería que no tenga un significado profundo? ¿Significado para qué? Ciertamente, como masones no tendría ningún significado especial para nosotros a menos que nos ayudara a alcanzar el gran propósito de nuestra Orden, «la erección de ese templo espiritual, esa casa no hecha de manos, eterna en los cielos». Puede que no reconozcamos su importancia, pero eso no prueba en absoluto su inexistencia. Puede estar enterrado en la basura de las opiniones preconcebidas, y sólo hace falta excavar con diligencia para sacarlo a la luz.

Hemos sugerido aquí sólo algunas de las muchas aplicaciones de este símbolo, con la esperanza de que sirva de estímulo para que otros investiguen con más diligencia.

WASHINGTON EN LA GLORIA
AMÉRICA ENTRE LÁGRIMAS

(Líneas sobre un cuadro de más de 100 años, en Alejandría, Virginia. Los objetos que se ven en el cuadro se mencionan en el poema. Las joyas a las que se hace referencia son las joyas fraternales de Washington. El nombre de este cuadro es *Washington en la gloria - América entre lágrimas*).

Washington en la gloria - América entre lágrimas,
Tal es la visión celeste que la imagen hoy revela:
Washington en la gloria - un ángel junto a él vela,
llamándolo de la tierra a mansiones de lo alto,
Washington en la gloria - un rayo de luz, su manto.
Viudas y huérfanos llorando, un indio agazapado cerca; Washington
en la gloria - por los siglos sin final,
inmortal es su historia, que América honra sin igual.
Washington en la gloria - América en su dolor,
la guadaña del Tiempo corta el hilo con rigor.
Washington en la gloria - se agota la arena
del reloj de la nación, que otra vez gira y suena.
Washington en la gloria - y aún brilla la Libertad,
su báculo alza la enseña con patriótica lealtad.
Washington en la gloria - por los siglos sin final,
inmortal es su historia, que América honra sin igual.
Washington en la gloria - América en su dolor,
guarda en canción y en relato sus futuros hermosos.
Washington en la gloria - con leyes que permanecen,
no la Constitución que cae ni joyas que enmudecen.
Sino Washington en la gloria - y todo lo que su nombre encierra,
con nobleza desnuda mirando al cielo desde la tierra.
Washington en la gloria - por los siglos sin final,
inmortal es su historia, que América honra sin igual.

Odillon B. Slane, Illinois.

LA VISIÓN PROFÉTICA DE WASHINGTON

Cuando consideramos la magnitud del premio por el que hemos luchado, la naturaleza incierta del conflicto y la forma favorable en que ha concluido, hallaremos el mayor motivo posible para la gratitud y el regocijo. Este es un tema que proporcionará deleite infinito a toda mente benévola y liberal, ya se contemple el acontecimiento como fuente de gozo presente o como germen de dicha futura; y tendremos igual motivo para felicitarnos por la suerte que la Providencia nos ha asignado, ya lo consideremos desde una perspectiva natural, política o moral.

Los ciudadanos de América, situados en la condición más envidiable como únicos señores y propietarios de una vasta extensión de continente -que abarca todos los diversos suelos y climas del mundo, y rebosa en todas las necesidades y comodidades de la vida- son ahora, tras la reciente y satisfactoria pacificación, reconocidos como poseedores de absoluta libertad e independencia. Desde este momento deben ser considerados como los actores en el teatro más visible y destacado, que parece haber sido especialmente dispuesto por la Providencia para la manifestación de la grandeza y la dicha humanas. Aquí no solo están rodeados de cuanto puede contribuir a la plenitud del gozo privado y doméstico, sino que el Cielo ha coronado sus demás bendiciones al otorgarles una oportunidad más firme para la felicidad política que la que haya disfrutado nación alguna en la historia.

Carta de Washington a los gobernadores de los estados,
18 de junio de 1783

LA ORACIÓN DE WASHINGTON

Ahora elevo con fervor mi oración, para que Dios os tenga a vos, y al Estado sobre el cual presidís, bajo Su santa protección; que incline los corazones de los ciudadanos a cultivar un espíritu de subordinación y obediencia al gobierno; a fomentar un afecto fraternal y amor mutuo entre sí, hacia sus conciudadanos de todos los Estados Unidos, y en particular hacia aquellos hermanos que han servido en el campo de batalla. Y, finalmente, que se digne con misericordia disponernos a todos a obrar con justicia, amar la misericordia, y conducirnos con esa caridad, humildad y disposición pacífica del alma, que fueron las características del Divino Autor de nuestra bendita religión; sin cuya humilde imitación en estas cosas, jamás podremos esperar ser una nación verdaderamente feliz.

Carta de George Washington a los gobernadores de los estados, 18 de junio de 1783

OH, ARTE MÍSTICO

¡Oh, arte místico, ven a mi corazón,
susúrrame dulce inspiración!
Acércate más, hazme entender
el arte que es del masón el deber.
¡Oh, arte sagrado, quiero alcanzar
algún pequeño don que puedas dar!
Déjame tu gracia de raro esplendor,
pues es masonería, noble honor.
¡Oh, arte místico, hazme captar
el raro secreto que sabes guardar!
A ti me vuelvo, deseo aprender,
que seas mi guía, mi luz, mi saber.
¡Oh, arte arcano!, ¿nada tendrás
que a mi alma puedas hoy revelar?
¿Deberé marchar sin oír tu canción,
la que canta al alma del buen Masón?
¡Oh, arte sagrado!, ¿será mi interior
quien deba al fin darme tu fulgor?
Si es así, entonces ruego ferviente
la luz que me abra a ti, plenamente.

L. B. M., Michigan.

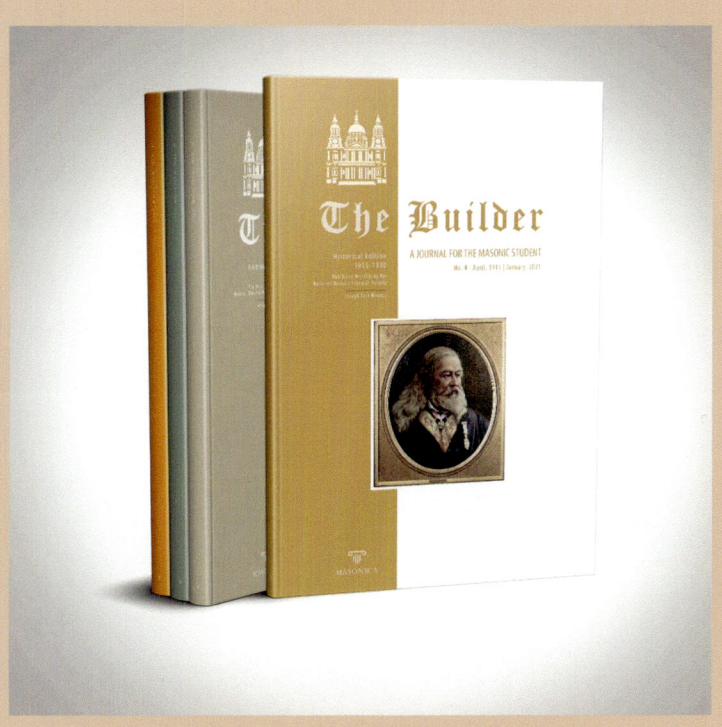

LA BIBLIOTECA

WASHINGTON, EL HOMBRE Y EL MASÓN

Tenemos muchos, muchísimos libros sobre Washington, y sin embargo, difícilmente puede decirse que poseamos una imagen verdaderamente adecuada del hombre y de su vida. En efecto, se requiere un cierto ejercicio de imaginación para evocar a los hombres de aquella época lejana y hacerlos vivir ante nuestra mente. Nuestra ficción histórica, cuando es fiel a los hechos, puede ayudarnos; pero con demasiada frecuencia, cuando no es un mero panegírico, se siente encargada de ser iconoclasta. Y entre los panegiristas y los traficantes de biografías de granero e historias de trastienda, no hay mucho donde elegir. Los cambios en los usos y costumbres hacen difícil recordar a los hombres de entonces. Aquellos calzones hasta la rodilla y pelucas empolvadas, aquellas hebillas en los zapatos y camisas con volantes ejercen un hechizo tan peculiar, que sentimos que los hombres que los usaban pertenecían a otra raza.

Así lo hicieron. De hecho, eran caballeros ingleses vestidos de «azul y ante», aunque Ben Franklin insistiera en llevar medias de lana. El majestuoso estilo miltoniano con el que conversaban era tan distinto del habla más familiar de nuestros días -por no hablar de nuestra jerga, que es lenguaje en la miseria- que parece que vivamos en otra tierra. Una carta de amor de aquella época parece un pasaje de un discurso de Edmund Burke o un artículo del Dr. Johnson. Cuando traducimos las cartas de Washington y La Fayette a un lenguaje sencillo, están llenas de amistad y tierna humanidad, con de vez en cuando un destello de diversión, pero deben ser traducidas antes de que podamos ver su belleza. Una vez que dejamos atrás estas diferencias de costumbres y lenguaje, descubrimos que Washington y los hombres de su tiempo eran gente muy real, menos remota y mucho más fácil de conocer.

De hecho, algo que nos gusta mucho de *Washington, el hombre y el masón*, del Hermano Charles Callahan, es su énfasis en los aspectos más íntimos y personales de la gran vida que pretende retratar. El autor no ha hecho ningún esfuerzo por escribir una biografía completa de Washington, y para esa tarea no estaba capacitado. Además, no era necesario tal esfuerzo, puesto que su carrera pública ya ha sido muchas veces investigada críticamente y registrada minuciosamente. Pero con demasiada frecuencia el análisis detallado de su vida oficial ha eclipsado su vida privada, con sus pasatiempos rurales y sus ocupaciones rústicas, en las que, según el autor, encontramos mejor ilustrada la hermosa sencillez de su carácter. En eso tiene razón, y a esta tarea se dedica, ofreciendo una deliciosa historia de la finca de Mount Vernon desde la adquisición de la concesión original por John Washington, el inmigrante, hasta la actualidad.

Con la ayuda de la historia y la ilustración, uno se hace una nueva idea de ese gran hogar colonial al que Washington regresó una y otra vez con el corazón alegre tras las turbulencias y vicisitudes de su servicio público, y que sigue siendo hasta hoy nuestro santuario patriótico más noble.

Pero la verdadera intención del volumen, por supuesto, es ofrecer brevemente la historia de la relación de Washington con la masonería y, en particular, su relación con la Logia Alejandría-Washington n.º 22, de la que fue el primer Maestro. Los datos en esta parte del trabajo han sido reunidos con diligencia y examinados con esmero, desechando las tradiciones infundadas; y el registro tal como lo presentamos aquí -tomado junto con la *Correspondencia masónica de Washington*, publicada recientemente por la Gran Logia de Pensilvania- debería silenciar para siempre a quienes han solido afirmar que la masonería tuvo escasa importancia en la vida de nuestro primer presidente.

El último capítulo del libro es una historia de la organización y crecimiento de la Washington Masonic National Memorial Association, por la que se publica el volumen, y a la que se destinan los ingresos netos de la venta del libro. El volumen se vende a 5 dólares y puede solicitarse a través de la Sociedad de Investigación o directamente al tesorero de la Asociación, el Hermano John H. Cowles, 16th y S. Streets.

N. W., Washington, D. C.

LOS COMPETIDORES DE WASHINGTON

También es interesante el volumen del Hermano Sidney Hayden sobre *Washington y sus compañeros masones*, aunque publicado en 1905. La primera mitad del libro está dedicada a la vida del propio Washington en sus relaciones masónicas, y la segunda mitad a semblanzas de algunos de sus amigos y compañeros de trabajo, como Henry Price, Peyton y Edmund Randolph, Franklin, Wooster, Edwards, Sullivan, Jackson, Putnam, Gist y otros. Las semblanzas son más bien breves, haciendo hincapié en los servicios masónicos de los hombres tratados, y en conjunto hacen un volumen interesante y que vale la pena. Todavía no se ha contado toda la historia de la influencia de la francmasonería en nuestro período revolucionario, y su fuerza silenciosa y moldeadora para dar forma a la ley orgánica de esta república. Algún día se contará, o al menos la parte de ella que pueda imprimirse, y los hombres mirarán con una nueva veneración a una Orden que, más que cualquier otra influencia, dio forma a la más grande de todas las repúblicas. Nuestros jóvenes deberían estudiar la vida masónica de Washington, y aprender de ella que:

> Antes que la madurez marcara su juvenil frente,
> buscó nuestro altar y pronunció su voto ardiente;
> sobre nuestro mosaico sagrado caminó,
> dobló sus rodillas y en Dios confió.
> A lo largo de su vida, noble y sin igual,

fue Hermano sincero, ejemplo del bien moral;
y cuando murió, en la pena de la nación,
sus Hermanos en luto lo llevaron al panteón.

ASTILLAS DE LAS CANTERAS

Muy modesto es el título que el Hermano VM F. Kuhn da a los casi cuarenta pequeños ensayos que ha reunido en un diminuto volumen, titulado *A Small Basket of Chips From the Quarries*. El subtítulo es más exacto cuando describe el librito como «algunas reflexiones prácticas sobre una masonería de trabajo cotidiano». Cuatro de los ensayos incluidos en él se publicaron en *The Builder*, las exposiciones de las lecturas de las Escrituras de los Grados Segundo y Tercero, el breve artículo sobre *El futuro* y el ensayo sobre *La histeria en la masonería*, si algunos de nuestros amigos nos perdonan «una referencia a una alusión». Por lo tanto, nuestros lectores conocen la calidad de este pequeño libro, y su énfasis marcadamente práctico sobre la utilidad y utilidad de la masonería como una influencia, sí, como un instrumento, para el bien humano. Recomendamos encarecidamente este libro sabio y directo, y estamos seguros de que muchos de nuestros lectores querrán tenerlo.

ARTÍCULOS DE INTERÉS

De dónde proviene el ritual del Grado de los Caballeros Templarios, de J. L. Carson. *Revista Masónica de Virginia*.
Sobre Albert Pike, heraldo del Rito Escocés, Dallas, Texas.
America's Oldest Mason, de G. P. Brown. *London Freemason*.
Signos y símbolos antiguos, del Hno. Mehaffy. Hermano neozelandés.
Historia de los masones de color en Luisiana. El Plumbline.
Los Vehmgerichte, de E. J. Wittenberg. Boletín del Consistorio de Los Ángeles.
El simbolismo del universo, de B. R. Baumgardt. *La Nueva Era*.
El suelo de la logia, de F. C. Higgins. *Estandarte Masónico*.

La masonería y la paz, de J. H. Fussell. *El cuadro de logia*.

La masonería y su relación con los esenios, de W. W. Westcott. Transacciones Quatuor Coronati Lodge.

LIBROS RECIBIDOS

Una cesta de astillas de las canteras, de W. F. Kuhn, Rialto Bldg., Kansas City, Mo., 75 centavos.

Washington y sus competidores masónicos, de Sidney Hayden. Macoy Co., Nueva Yorkr 1,75 $

Fundación Rockefeller, Informe anual, 1913-14.

Sócrates, maestro de vida, de W. E. Leonard. Open Court Pub. Co., Chicago, 1.00 $

El Próximo Oriente desde dentro, Anónimo. Funk & Wagnalls Co., Nueva York, 3.00 $

Un navegante de las estrellas, de Jack London. Macmillan Co., Nueva York, 1,50 $

Viejas caras conocidas, de Theodore Watts-Dunton. Herbert Jenkins, Londres, 1,50 $

EL BUZÓN DE PREGUNTAS

(Cada vez está más claro que el buzón de preguntas será uno de los elementos más interesantes y valiosos de *The Builder*. No hay razón para que no sea así. Es una especie de Logia Abierta donde podemos charlar, comparar opiniones e intercambiar ideas, hablando de una serie de detalles que no se prestan fácilmente a un debate elaborado y formal. Como ya se ha dicho, es una especie de foro de todos contra todos, como si estuviéramos reunidos en torno a la gran chimenea de la Casa de la Luz en el Signo de la Escuadra y el Compás; y nos complace que nuestros miembros se sientan a gusto y participen en la conversación según les impulse el espíritu).

UN NOMBRE DE DULCE AROMA

No sólo nuestros miembros leen *The Builder* con atención, sino que muchas de sus damas también lo leen, de lo que nos hemos enterado por muchas cartas encantadoras que nos llegan a veces. Varias señoras nos han escrito para agradecernos la semblanza del padre Taylor, «y yo tampoco soy metodista», añade una de ellas. Otra pregunta dónde puede encontrar un cuento titulado «Un nombre de dulce aroma», que no ha podido localizar. Fue escrito por Fedor Sologub, un escritor ruso cuyos relatos se han traducido recientemente al inglés, y da título a un libro de sus cuentos que se publica ahora con una introducción de Stephen Graham. Sologub no está a la altura de Tolstoi o Gorki, pero tiene algo que decir, y la historia de «Un nombre de dulce aroma» es una de sus mejores. (Publicado por Messrs. Constable, Londres, 1,25 $).

UN NAVEGANTE DE LAS ESTRELLAS

De hecho, las mujeres leen más que los hombres. Por esa razón, aunque sostenemos que la mujer tiene derecho al voto, si lo desea, tenemos medio miedo de que lo tenga, no sea que desfavorezca a los hombres, en una prueba educativa. quí tenemos a una dama que leyó *The Arbor*, de Poole, y coincide con nosotros en que es una historia brillante; y ahora quiere otra que sea igual de buena. Bueno, prueben *Un navegante de las estrellas* de Jack London, (Macmillan Co.) Si no es una obra maestra, no le falta por muchos centímetros. Sin duda, es lo mejor que London ha hecho hasta ahora, pues demuestra su dominio de su arte, su riqueza de imaginación, observación e invención, y tiene pasajes como sería difícil encontrar en la literatura reciente. Hay muchas historias dentro de esta historia, muchas pistas, vislumbres, insinuaciones y tenues recuerdos de cosas medio olvidadas, como débiles ecos de las cavernas de la mente. Léanlo y lo entenderá.

DAMAS MASONAS

Ya que hablamos de las damas, podemos aprovechar para responder a un Hermano que nos pide sugerir un tema para una disertación dirigida a una audiencia mixta de masones y sus esposas. ¿Por qué no hablar de damas masonas supuestamente iniciadas en la Orden? (Véase una ponencia de Edward Conder ante la Logia Quatuor Coronati, 11 de enero de 1895). Busque lo que Hutchinson, Preston y otros tienen que decir sobre el secreto masónico, ya que está relacionado con las mujeres. Lea el interesante capítulo de «Sidelights on Freemasonry», de Lawrence, (Cap. XXVII) titulado «Ladies on the Level», y los atisbos que allí se dan de los antecedentes de la Orden de la Estrella de Oriente. Si quiere emociones fuertes, puede conseguir el relato «El amor y el francmasón», de Guy Thorne. para entonces tendrá abundante material para un discurso, con espacio para el sentido y el disparate, mientras discute la cuestión: ¿Deben admitirse mujeres en la Orden? La mejor respuesta a la pregunta, por supuesto, es la que se deduce cuando formulamos otra: ¿Por qué?

EL TEMPLO DEL CIELO

Mi querido hermano: - El artículo del Hermano Lobingier sobre la masonería en «El Templo del Cielo» me interesó mucho. Me pregunto si usted o muchos de sus lectores han advertido algún significado en las siguientes palabras: «El Gran Altar del Sur, la más importante de las estructuras religiosas chinas, es una hermosa terraza circular triple de mármol blanco cuya base mide 210, el medio 150 y la parte superior 90 pies de ancho, cada terraza rodeada por una balaustrada ricamente tallada.» Divida cada una de las cifras anteriores por 30, y tenemos en este templo del cielo utilizado más o menos accidentalmente para un templo masónico, los antiguos números sagrados 7, 5, 3. Puede que sólo fuera una coincidencia, pero es interesante.

Suyo fraternalmente, R. P. Clarkson, Canadá.

MASONES DE ALTURA

El Hermano B. Melish, Director Ejecutivo de la Asociación Masónica de Ayuda de Guerra de los Estados Unidos, escribe que recientemente recibió una contribución de 137,25 $ de la Logia más singular del mundo: la Logia «Techo del Mundo», ubicada en Cerro de Pasco, Sudamérica. El Venerable Maestro dice que tratan de mantenerse muy vivos allá en lo alto de los Andes, y añade: «Hemos tenido visitantes de casi todas las jurisdicciones de los Estados Unidos, y hemos adquirido cierta pequeña fama por haber celebrado (hasta donde podemos averiguar) la reunión masónica más alta del mundo, a una altitud de 17.575 pies sobre el nivel del mar». Con razón dicen ser masones de alto rango.

EL CUADRADO OBLONGO

Querido hermano: - El *Standard Dictionary* define «oblongo» como algo más largo que ancho. También, una Escuadra como instrumento para medir o trazar ángulos rectos, formada generalmente por dos patas o ramas perpendiculares entre sí, en forma de «L». Ahora bien, este cuadrado en forma de L es el cuadrado oblongo utilizado en la masonería, y su denominación apropiada sirve para distinguirlo del cuadrado equilátero o perfecto del maestro masón. Además, los masones sabemos lo que entendemos por un «cuadrado oblongo», y si los demás no lo saben ¿qué importa? Con sinceros buenos deseos para la Sociedad y su *Builder*.

Fraternalmente suyo, VM A. Montell, Maryland.

XERÓFAGOS

He visto en alguna parte una afirmación en el sentido de que los masones organizaron la primera sociedad de abstinencia total que se creó. ¿Puede ayudarme a encontrarlo?

H.B.R.

Tal vez la siguiente declaración de *La misión de la masonería*, de Madison C. Peters, (p. 38) es lo que tienes en mente: «La primera sociedad de abstinencia total de la que se tiene constancia, fue formada por masones en Italia, hace ciento sesenta y ocho años, los Xerofagistas -hombres que no beben- bajo cuyo nombre se reunieron para evitar la Bula del Papa Clemente XII, en 1738.» El pequeño libro del Hermano Peters se publicó en 1908.

«HÁGASE LA LUZ».

En respuesta a un Hermano que pregunta por unas líneas que puedan ser utilizadas por el Maestro o el Primer Diácono cuando el candidato se arrodilla para ofrecer la oración, se han hecho las siguientes sugerencias. Ambos son buenos, pero no se debe utilizar más de uno al mismo tiempo:

"La oración es el ofrecimiento de los deseos del corazón a Dios por las cosas agradables a Él, y que más necesitamos. Cuando entramos en la vida, se ofrece una oración por nosotros, y cuando salimos de la vida y las sombras de la tierra se oscurecen y nuestros ojos contemplan las orillas del mundo eterno, se ofrece una oración para que nuestra alma se renueve dentro de las puertas de la perla. Entonces no temas rezar».

> No tengas miedo de rezar: rezar es lo correcto;
> Reza, si puedes, con esperanza; pero reza siempre,
> Aunque la esperanza sea débil o enferma con mucho retraso;
> Ora en la oscuridad, que se haga la luz.

GRAN LOGIA GENERAL

Después de leer las cartas intercambiadas entre los Hermanos Mikels y Shepherd, un Hermano de Kentucky nos pide que expongamos los hechos sobre una Gran Logia general como propuso Henry Clay mientras era Gran Maestro de Kentucky. El Hermano Clay -por cierto, pariente de vuestro editor- estaba muy a favor de una Gran Logia general, y fue el espíritu que impulsó la Convención celebrada en Washington, D.C., el 9 de marzo de 1822, con ese fin, y escribió el Llamamiento a favor de dicha Gran Logia Nacional adoptado por esa Convención. La naturaleza y el propósito del movimiento fueron malinterpretados, cuando no deliberadamente tergiversados, por muchos. El hermano Clay no tenía en mente un organismo nacional que ejerciera una jurisdicción coextensiva con la Unión, que abarcara un control completo y universal sobre los asuntos fiscales y detallados de cada Gran Logia, Logia subordinada y masón individual del país; eso sería manifiestamente impracticable. Los objetivos de la convocatoria en Washington eran dos: Adquirir una posición elevada para la masonería del país, uniéndola, haciéndola efectiva e influyente; y, segundo, preservar entre los Estados esa uniformidad de trabajo y ese intercambio de buenos oficios, que sería difícil, si no imposible, por otros medios. Como tal, una Gran Logia Nacional estaría compuesta, sin duda, por los masones más capaces de la Unión, y sería así un punto central de inteligencia e influencia masónicas; y eso era lo que quería el Gran Maestro Clay. (Véase *Historia de la masonería en Kentucky*, de Bob Morris, pp 232-241).

LA LOGIA ABIERTA

Querido hermano: Aunque en general estoy más interesado en la historia de la masonería, y me gustaría recibir más luz al respecto, estoy especialmente interesado en lo que me parece ser la debilidad flagrante de nuestro sistema actual. Es decir, la logia masónica promedio se dedica a una ronda semanal de trabajo ritual, inicia, aprueba y eleva candidatos, dispensa un poco de caridad dentro de su propio círculo, a intervalos raros ayuda a alguna causa digna fuera de su propia puerta (causa masónica, quiero decir) y luego celebra su reunión anual con la sensación de que ha cumplido con todas sus obligaciones. No creo que lo haya hecho. Me parece que la masonería debería representar algo mejor que una ronda incesante de trabajo ritualista y alguna caridad espasmódica; que debería vivir realmente los principios que establece en las vidas de sus miembros; que hay llamadas que suenan por todas partes, no especialmente de hermanos masones, a las que debería responder. Por el momento, no sé por dónde debe empezar una logia masónica y cómo debe realizar este tipo de trabajo. Tal vez haya otros masones que piensen como yo y que, por correspondencia, puedan idear un plan de trabajo que ponga en práctica los grandes principios y preceptos de la Orden que, en mi opinión, están ahora en su mayor parte inactivos y acumulando un buen montón de polvo y telarañas.

Suyo fraternalmente, Charles O. Ford, Michigan.

EL ARCO REAL

Querido hermano: En esta época del año, nuestro Capítulo no realiza mucho trabajo de iniciación, y he estado pensando que podríamos organizar una serie de charlas a cargo de distintos oficiales sobre el origen, la historia, los símbolos y las ceremonias del Capítulo. Me complacería recibir sus sugerencias al respecto, tanto en lo que respecta a los materiales como a los planes de estudio. W. F. E.

No cabe duda de que puede emplear su tiempo de la forma más agradable y provechosa, como tiene la intención de hacer, estudiando como sugiere. Por supuesto, usted querrá el *Libro del Capítulo*, de Mackey (Macoy Co., Nueva York, $1.60), y *El Rito Inglés*, de Hughan, que puede obtenerse de la Logia de Investigación, Leicester, Inglaterra, Hermano J. T. Thorp, secretario. Hay tres capítulos breves pero valiosos sobre el Arco Real en *Sidelights on Freemasonry*, de J. T. Lawrence, y, por supuesto, los conocidos capítulos incluidos en la *Historia de la masonería y Órdenes concordantes*, de Hughan y Stillson. La Biblia, sin embargo, será su principal libro de texto, y encontrará fascinante el estudio del período de reconstrucción del templo, una historia que le removerá la sangre, pues relata una empresa heroica frente a dificultades casi abrumadoras. El origen de los grados del Arco Real es muy interesante, así como su posición en la masonería antes de la Logia de la Reconciliación, en 1813. Pero la gran pregunta es esta: Mackey sostenía y enseñaba -como el Hermano Williams, en su hermoso estudio del simbolismo del Arco Real en *The Builder* (Vol. 1, p. 51)- que la masonería simbólica es una alegoría de la vida en este mundo, y que el Arco Real tiene que ver con la vida en el otro mundo; con el progreso del alma en la vida del más allá. Esta interpretación -sugerente como es, y digna de una larga reflexión- apenas se conoce en Inglaterra, y confesamos que nunca nos ha satisfecho. Tampoco creemos que se entendiera así en los primeros tiempos del rito. Hay mucho que decir al respecto, ya que sigue cronológicamente el drama del Tercer Grado. Pero para algunos de nosotros el principal significado del Tercer Grado no es su enseñanza de la inmortalidad después de la muerte, sino su revelación de la inmortalidad aquí y ahora. Alguna vez esperamos entrar en este asunto más a fondo de lo que puede hacerse en una breve nota, exponiendo otro punto de vista y, como pensamos, más práctico; pero nos gustaría que el Hermano Evans y sus Compañeros lo tuvieran presente y lo discutieran en su curso de estudio. De hecho, nos gustaría que la cuestión se discutiera en estas páginas, y confiamos en que los Hermanos tomen nota y se gobiernen en consecuencia.

MASONICA

Ediciones del Arte Real